**Kohlhammer
Urban**
-Taschenbücher

Band 368

Franz Buggle

Die Entwicklungspsychologie Jean Piagets

4. Auflage

Verlag W. Kohlhammer

Die Deutsche Bibliothek – CIP-Einheitsaufnahme

Buggle, Franz:
Die Entwicklungspsychologie Jean Piagets / Franz Buggle. –
4. Aufl. – Stuttgart; Berlin; Köln:
Kohlhammer, 2001
  (Urban-Taschenbücher; Bd. 368)
  ISBN 3-17-017052-X

Für Anja und Ulrike

Dieses Werk einschließlich aller seiner Teile ist urheberrechtlich geschützt. Jede Verwendung außerhalb der engen Grenzen des Urheberrechts ist ohne Zustimmung des Verlags unzulässig und strafbar. Das gilt insbesondere für Vervielfältigungen, Übersetzungen, Mikroverfilmungen und für die Einspeicherung und Verarbeitung in elektronischen Systemen.
Die Wiedergabe von Warenbezeichnungen, Handelsnamen oder sonstigen Kennzeichen in diesem Buch berechtigt nicht zu der Annahme, daß diese von jedermann frei benutzt werden dürfen. Vielmehr kann es sich auch dann um eingetragene Warenzeichen oder sonstige gesetzlich geschützte Kennzeichen handeln, wenn sie nicht eigens als solche gekennzeichnet sind.

4. Auflage 2001
Alle Rechte vorbehalten
© 1985/2001 W. Kohlhammer GmbH
Stuttgart Berlin Köln
Verlagsort: Stuttgart
Umschlag: Data Images GmbH
Gesamtherstellung:
W. Kohlhammer Druckerei GmbH + Co. Stuttgart
Printed in Germany

Inhalt

1. Einleitung: Funktion und Thematik dieses Buches 11

2. Piagets Ausgangspunkt und basales Forschungsinteresse: Genetische Epistemologie ... 13

2.1 Biographische Wurzeln: Verbindung von Erkenntnistheorie und Biologie 13
2.2 Exkurs: Die Erkenntnistheorie Kants als (eine) wesentliche Determinante des Piaget'schen Denkens 14
2.3 Piagets Versuch, menschliche Erkenntnis durch Analyse ihrer Genese transparenter zu machen: Genetische Epistemologie 16
2.4 Die empirischen Quellen genetischer Epistemologie: 17
2.4.1 *Kinder- und Jugendpsychologie* 17
2.4.2 *Wissenschaftsgeschichte* 18
2.4.3 *Vergleich ontogenetisch-individueller (Kinder- und Jugendpsychologie) und kollektiver (Wissenschaftsgeschichte) kognitiver Entwicklung. Die Frage A. Einsteins* 18
2.5 Biographische Konsequenzen 21

3. Piagets Theorie kognitiver Entwicklung: Grundkonzepte und -merkmale 24

3.1 Annahme eines genetischen Kontinuums zwischen ursprünglich-fundamentalen Lebensäußerungen und höchstentwickelten Erkenntnisleistungen ... 24
3.1.1 *Funktionale Invarianten des Kontinuums* 24
3.1.1.1 Adaptation: Assimilation und Akkomodation ... 24
3.1.1.2 Organisation 26
3.1.2 *Varianten des Kontinuums:* 26
3.1.2.1 Instrumentelle Strukturen und Organe 26
3.1.2.2 Inhalte 27
3.1.3 *Gesamtaufbau des Piaget'schen Entwicklungskontinuums* 27
3.1.4 *Veranschaulichende Beispiele:* 27
3.1.4.1 Somatisch 28

3.1.4.2	Psychisch-Kognitiv	28
3.2	Das kognitive Schema	30
3.2.1	*Strukturelle Eigenschaften*	30
3.2.2	*Dynamische Eigenschaften*	31
3.2.2.1	Reproduktive Assimilation	32
3.2.2.2	Generalisierende Assimilation	33
3.2.2.3	Differenzierend-rekognitorische Assimilation	33
3.2.2.4	Reziproke Assimilation	35
3.3	Äquilibration oder Gleichgewicht	36
3.3.1	*Besonderheiten des biologischen und psychologischen Gleichgewichtskonzepts. Regelung. Äquilibration als Selbstregulierung*	36
3.3.2	*Kognitionen als Äquilibrationsprozesse*	38
3.3.3	*Dialektik zwischen konservativen und progressiven Tendenzen im Äquilibrationsgeschehen*	38
3.3.4	*Kennzeichen höherer Gleichgewichtszustände*	39
3.4	Zum Piaget'schen »Biologismus«	40
3.5	Zum Menschenbild Piagets	42
4.	Zu Piagets Methodologie	44
5.	Kognitive Entwicklung als Abfolge strukturell verschiedener Perioden	49
5.1	Allgemeines zu Piagets Entwicklungsstufen	49
5.2	Die Periode der sensomotorischen Intelligenz (ca. 0−2 Jahre)	51
5.2.1	*Wesentliche Merkmale der sensomotorischen Intelligenz*	51
5.2.2	*Die sechs Unterstadien der sensomotorischen Entwicklungsperiode*	53
5.2.2.1	Erstes Stadium: Angeborene Reflexe und Instinktkoordinationen als Bausteine der nachfolgenden kognitiven Entwicklung (0−1. Monat)	54
5.2.2.2	Zweites Stadium: Primäre Zirkulärreaktionen. Bildung erster Gewohnheiten. Erste Koordination sensomotorischer Schemata (ca. 1−4 Monate)	54
5.2.2.3	Drittes Stadium: Sekundäre Zirkulärreaktionen. Verstärkte Hinwendung zur Außenwelt. Vorstufen intentionalen Verhaltens (ca. 4−8 Monate)	54
5.2.2.4	Viertes Stadium: Intentionales Verhalten (ca. 8−12 Monate)	57
5.2.2.5	Fünftes Stadium: Tertiäre Zirkulärreaktionen. »Ex-	

	perimentelles« Vorgehen. Suche und Entdeckung neuer Mittel-Schemata (ca. 12–18 Monate)	59
5.2.2.6	Sechstes Stadium: Übergangsstadium: Beginnende Interiorisation und Entwicklung der Symbolfunktion (ca. 18–24 Monate)	62
5.3	Die Periode des voroperationalen Denkens (ca. 2–7 Jahre)	65
5.3.1	*Entwicklung der Symbolfunktion, des sprachlichen, vorbegrifflichen und transduktiven Denkens (ca. 2–4 Jahre)*	*65*
5.3.1.1	Entwicklung der Symbolfunktion	65
5.3.1.2	Entwicklung und Funktion der Sprache	66
5.3.1.3	Unterschiede und Äquivalenzen des voroperationalen Denkens im Verhältnis zum sensomotorischen Erkennen	67
5.3.1.4	Abhebende Merkmale des voroperationalen Denkens gegenüber späteren Entwicklungsstufen: Konkrete Bildhaftigkeit und Isomorphie mit dem äußeren Handeln, Zentrierung, Irreversibilität, Vorbegriffe, Transduktives Schließen	70
5.3.2	*Das anschauliche Denken (ca. 4–7 Jahre)*	*76*
5.3.2.1	Konfigurationen	76
5.3.2.2	Regulierungen	77
5.4	Die Periode der konkreten Operationen (ca. 7–11 Jahre)	79
5.4.1	*Kennzeichnende Eigenschaften von Operationen*	*79*
5.4.1.1	Aktivität	79
5.4.1.2	Systematisierung	79
5.4.1.3	Dezentrierung	80
5.4.1.4	Reversibilität	81
5.4.2	*Beschreibung des operatorischen Denkens durch mathematisch-algebraische und formal-logische Sprachmittel*	*81*
5.4.2.1	Zur Eignung mathematisch-algebraischer und formal-logischer Sprache zur Beschreibung operatorischen Denkens	81
5.4.2.2	Das Strukturmodell der Gruppierung	83
5.4.2.3	Grenzen der Abbildqualität mathematisch-algebraischer und formal-logischer Modellstrukturen	85
5.4.3	*Die Periode der konkreten Operationen zentral kennzeichnende Operationssysteme*	*86*
5.4.3.1	Logische und arithmetische Operationen. Klassifikation, Seriation, Zahlsysteme	86

5.4.3.2	Räumlich-zeitliche oder »infralogische« Operationen	87
5.4.3.3	Operationssysteme im Bereich des moralischen und sozialen Verhaltens	88
5.4.4	*Grenzen und Beschränkungen des konkret-operatorischen Denkens*	90
5.5	Die Periode der formalen Operationen	90
5.5.1	*Kennzeichnende Eigenschaften des formal-operatorischen Denkens*	90
5.5.1.1	Zentrale Unterschiede zum konkret-operatorischen Denken	90
5.5.1.2	Aussagenlogik und Operationen zweiten Grades	91
5.5.1.3	Einbeziehung des Möglichen und hypothetisch-deduktives Vorgehen	92
5.5.1.4	Kombinatorik	93
5.5.2	*Spezifische formal-operatorische Schemata*	95
5.5.2.1	Proportionalität, Wahrscheinlichkeit und Korrelation	95
5.5.2.2	Koordination von Bezugssystemen und Relativität von Bewegungen	96
5.5.3	*Beschreibung des formal-operatorischen Denkens durch mathematisch-algebraische und formal-logische Sprachmittel*	97
5.5.4	*Generelle Merkmale des jugendlichen Denkens*	98
5.5.4.1	Stärkere Ausrichtung auf Allgemein-Abstraktes, Hypothetisch-Mögliches und Alternativ-Soziales	98
5.5.4.2	Jugendlicher Egozentrismus und sein Abbau	99
5.5.4.3	Neigung zum deduktiven Denken	100
5.5.5	*Bedingungen der Ausbildung formal-operatorischer Denkstrukturen*	100
6.	Kritische Würdigung der Entwicklungspsychologie J. Piagets	102
6.1	Spannweite, Komplexität und Heterogenität	102
6.2	Relevanz im Hinblick auf eine verbesserte Selbsterkenntnis und Selbststeuerung des Menschen	103
6.3	Schöpferische Weiterentwicklung gegenüber Behaviorismus und Psychoanalyse: Das spontan-interaktionistische Menschenbild Piagets	105
6.4	Probleme der Theoriebildung	106
6.5	Philosophisch-erkenntnistheoretische Relevanz und interdisziplinärer Austausch	109

6.6	Vorzüge und Mängel der empirischen Arbeiten Piagets	110
6.7	Ergebnisse von Nachfolgeuntersuchungen	112
6.8	Mögliche und wünschbare Erweiterungen des Piaget'schen Entwicklungsmodells	115
7.	Schlußwort	118
8.	Literatur	119
9.	Sachwortregister	122

1. Einleitung: Funktion und Thematik dieses Buches

Die Zeit der »großen Männer«, die einen Wissensbereich grundlegend prägen, scheint auch in der Psychologie zu Ende zu gehen. Als einer der letzten, auf die dieses Prädikat noch zutreffen dürfte, kann sicher Jean Piaget angesehen werden. Wie kaum ein anderer hat er die Disziplin »Entwicklungspsychologie« durch eine etwa 60jährige wissenschaftliche Arbeit befruchtet und Anregungen zu theoretischer Diskussion und empirischen Forschungsaktivitäten gegeben: insbesondere zur Entwicklung des menschlichen Erkenntnisvermögens, der Intelligenz, des Denkens.
Wer sich aus praktischen oder theoretischen kinder- und jugendpsychologischen Motiven mit der Entwicklung menschlicher Erkenntnis, »Intelligenz« oder Denkens befassen will, oder wer philosophisch-erkenntnistheoretische Interessen verfolgt, wen die alten Fragen umtreiben »Was heißt Erkennen?«, »Was leistet menschliche Erkenntnis?«, »Wo liegen ihre Ursprünge?«, »Wo liegen ihre Grenzen?«, »Wie sind menschliche Erkenntnisprozesse strukturiert?«, kann am Werk J. Piagets kaum vorbeigehen.
Diesem Erfordernis stellt sich nicht selten ein Hindernis entgegen, das die wünschenswerte Verbreitung der Piaget'schen Gedanken und Forschungsergebnisse selbst bei »Fachleuten« immer wieder beeinträchtigt hat: J. Piaget erweist sich als nicht leicht zu rezipierender Autor. In Seminaren zur kognitiven Entwicklung kann man als Hochschullehrer immer wieder die Erfahrung machen, daß es relativ leicht ist, Studierende für die Auseinandersetzung mit der Thematik Piaget's zu motivieren, daß aber nach der Umsetzung dieses Interesses in die konkrete Lektüre von Piaget verfaßter Bücher häufig eine gewisse resignative Enttäuschung folgt, weil sich das Verständnis der jeweiligen Texte als zu schwierig, die Lektüre als zu mühsam erweist.
Sinn und Funktion des vorliegenden Buches könnte vielleicht darin liegen, sowohl dem Studierenden, der sich mit der Entwicklung menschlicher Erkenntnis, Intelligenz und Denkens befaßt, wie auch jedem an der Genese dieser basalen menschlichen Prozesse Interessierten Hilfestellung bei der Überwindung der genannten Barrieren zu geben.
Dies kann bei der vorgegebenen Kürze dieses Textes nur durch *exemplarische* Ausführungen geschehen: so etwa zu den hinter den wesentlichsten Forschungsaktivitäten stehenden basalen Erkenntnisinteressen Piaget's, zu den wichtigsten Grundmerkmalen und

Grundbegriffen des Piaget'schen Entwicklungsmodells, und, damit eng verwoben, zu seinem Menschenbild, zu seinen Forschungsmethoden, zu einigen wesentlichen Grundzügen seiner Stufenlehre, sowie abschließend durch einige kritisch-bewertende Anmerkungen zum Piaget'schen Werk.

2. Piagets Ausgangspunkt und basales Forschungsinteresse: Genetische Epistemologie

2.1 Biographische Wurzeln: Verbindung von Erkenntnistheorie und Biologie

Jean Piaget wurde am 9. August 1896 in Neuchâtel/Schweiz geboren.
Schon sehr früh zeigte er ein ausgeprägtes wissenschaftliches, insbesondere biologisches Interesse; seine erste Publikation verfaßte er als 10jähriger: einen Bericht über die Beobachtung eines Albino-Sperlings in einem Park seiner Heimatstadt.
Nach dem Abitur studierte er Zoologie und promovierte 1918 als 22jähriger in diesem Fach mit einer Arbeit über Weichtiere des Wallis. Neben seinen zoologischen Studien beschäftigte sich Piaget schon als Adoleszent intensiv mit soziologischen und philosophischen, insbesondere *erkenntnistheoretischen* Fragen. Hier kristallisierte sich zum ersten Male eine Verbindung heraus, die, u. a. angeregt durch die Lektüre Henri Bergsons (französischer Philosoph 1859—1941), zur motivationalen Quelle einer lebenslangen Forschungsaktivität werden sollte: *Die Verbindung zwischen Biologie und Erkenntnistheorie.*
Diese neben Logik, Metaphysik und Ethik klassische Teildisziplin der Philosophie stellt die Frage nach dem Wesen, der Struktur, insbesondere aber auch nach den Möglichkeiten, Grenzen und letztlich auch nach der Gültigkeit menschlicher Erkenntnis.
Wie kann ein solches Fragen nach Struktur, Grenzen und Möglichkeiten menschlicher Erkenntnis konkret aussehen?
Der traditionell-klassische Weg, die genannten Fragen anzugehen, setzte gewöhnlich beim entwickelten, »fertigen« Erkenntnisvermögen des erwachsenen Homo sapiens an.
Dieses Vorgehen, das am entwickelten, »fertigen« Erkenntnisvermögen des Menschen ansetzt, soll an einigen wesentlichen Grundgedanken der Kant'schen Erkenntnislehre veranschaulicht werden; zum einen, weil diese trotz der in den auf sie folgenden Zeiten laut gewordenen mannigfachen Kritik und Weiterführungen immer noch eine der umfassendsten und am klarsten strukturierten Auseinandersetzungen mit dem Problem menschlicher Erkenntnis darstellen dürfte, zum anderen, weil gerade die Erkenntnistheorie Kants das Denken und die Theoriebildung J. Piagets sehr stark beeinflußt hat, so daß eine adäquate Rezeption grundlegender

Piaget'scher Ansätze ohne Kenntnis einiger Grundvorstellungen der Erkenntnistheorie Kants schwer möglich sein dürfte.

2.2 Exkurs: Die Erkenntnistheorie Kants als (eine) wesentliche Determinante des Piaget'schen Denkens*

Was die Frage nach der *Struktur* menschlicher Erkenntnis betrifft, so stellt Kant zunächst fest, daß menschliche Erkenntnisse sich in Form von *Urteilen* vollziehen. So stellt sich die entsprechende Erkenntnis in der Struktur des folgenden Urteils dar: Der Mond leuchtet. Einem Subjekt (Mond) wird ein Prädikat (leuchtet) zugeordnet.

Weiter unterscheidet Kant grundsätzlich verschiedene Arten von Urteilen:

(1) *Analytische Urteile a priori*, bei denen das Prädikat inhaltlich schon im Subjekt enthalten ist. Das Wesen dieser Urteile besteht also nur in der »Analyse« oder Explikation des Urteilsubjekts, ein echter Erkenntniszugewinn findet nicht statt. Beispiel: Das Haus ist hohl. Im Begriff des Urteil- oder Satzsubjektes „Haus" ist schon als konstituierendes, »notwendiges« Bestimmungsstück das Merkmal »hohl sein« enthalten. Ein wie ein Haus aussehendes Gebilde, das nicht hohl wäre, wäre nicht als Haus, sondern allenfalls als gemauerter Kubus, Quader o. ä. zu bezeichnen.

Da analytische Urteile zu ihrer Bildung allein den geistigen Besitz des Subjektbegriffs und keine zusätzliche, sinnlich vermittelte Erfahrung voraussetzen, kommt ihnen das weitere Prädikat »*a priori*«, d. h. der Erfahrung vorausgehend, zu.

(2) Im Gegensatz dazu stellen im Falle der von Kant als »*synthetisch*« bezeichneten Urteile die Prädikate nicht einfach die Explikation der Satzsubjekte dar, vielmehr wird das Prädikat als etwas Neues, nicht schon a priori im Subjekt enthaltenes Merkmal dem Subjekt zugeordnet. Diese Zuordnung geschieht bei der hier zu besprechenden Untergruppe dieser Sätze aufgrund letztlich durch die Sinne vermittelter Erfahrung.

Der Satz »Das Haus ist weiß« stellt ein solches synthetisches Urteil dar; das Prädikat »ist weiß« ist nicht a priori im Subjekt

---

* Zur Vertiefung der folgenden, notwendigerweise selektiven Ausführungen können Kants »Kritik der reinen Vernunft« oder als verständlichere Einführung seine »Prolegomena zu einer jeden künftigen Metaphysik, die als Wissenschaft wird auftreten können« herangezogen werden.

»Haus« enthalten, es kann nur aufgrund einer letztlich sinnlich vermittelten Erfahrung dem jeweiligen Subjekt »Haus« zugeordnet werden.
Synthetische Urteile gehen also nicht wie die oben beschriebenen analytischen Urteile der Erfahrung voraus, sondern folgen dieser nach. Kant nennt diese Art von Urteilen *synthetische Urteile a posteriori* (a posteriori = nachfolgend). Die hier genannten synthetischen Urteile a posteriori stellen also gegenüber den nur explikativen, verdeutlichenden analytischen Urteilen a priori durch ihren Neuheitsaspekt einen echten *Erkenntnisgewinn* dar.

(3) Kant stellt nun die weitere, für sein Denken zentrale Frage: Sind für das menschliche Erkenntnisvermögen *synthetische Urteile a priori* möglich, also Urteile, die nicht auf sinnliche Erfahrung gründen, sondern ihr vorausgehen (a priori), und dennoch nicht nur eine Begriffsexplikation, sondern einen echten *Erkenntniszugewinn* (synthetisch) darstellen?

Dies ist im Kern nichts anderes als die Frage nach der *Möglichkeit metaphysischer Erkenntnis* für den Menschen (oder nach der Grenze des menschlichen Erkenntnisvermögens); denn metaphysische Aussagen gehen ja ihrem Wesen nach über den physisch-sinnlichen Erfahrungsbereich hinaus, müssen also Urteile a priori sein. Die Frage, die Kant stellt, lautet also: Ist Metaphysik (a priori) als Wissenschaft (Erkenntniszugewinn, nicht bloße Begriffsexplikation: synthetisch) möglich?

Seine Antwort lautet: Synthetische Urteile a priori (und damit letztlich Metaphysik als Wissenschaft) sind möglich, weil sie *wirklich* sind, nämlich – für Kant – in der reinen Mathematik und der reinen Naturwissenschaft.

Der Satz etwa »daß sich in einem Punkt nicht mehr als drei Linien rechtwinklig schneiden können« (Kant, Prolegomena, S. 37) wäre für Kant ein solches synthetisches Urteil a priori aus dem Bereich der reinen Mathematik, da es nach seiner Auffassung nicht aus irgendeiner Begriffsexplikation hergeleitet werden könne und nicht empirischer Anschauung nachfolge, sondern schon im voraus für jede empirisch-räumliche Anschauung gelte, was sich nicht zuletzt in seiner apodiktischen Notwendigkeit zeige.

Ein entsprechendes synthetisches Urteil a priori aus dem Bereich der reinen Naturwissenschaft wäre für Kant der Satz, »daß alles, was geschieht, jederzeit durch eine Ursache nach beständigen Gesetzen vorherbestimmt sei« (Kant, Prolegomena, S. 50).

Der Charakter der *Notwendigkeit,* der solchen synthetischen Urteilen a priori zukomme, läßt sich nach Kant nur dadurch erklären, daß hier Eigenschaften unserer subjektiven Erkenntnisstruktur ins Spiel kommen, die nicht in den Dingen an sich, sondern in unseren subjektiven Anschauungs- und Verstandesformen, sozusagen in unseren Erkenntnisorganen angelegt sind, mit denen wir jeweils von vornherein an die erkennbare Welt herangehen, die Welt »als Erscheinung« konstruieren, die eben immer nur »erkennbar« ist im Rahmen dieser immer schon vorgegebenen *»reinen Anschauungsformen«* Raum und Zeit und der *»reinen Verstandesbegriffe«:*
(1) *der Quantität:* Einheit, Vielheit, Allheit;
(2) *der Qualität:* Realität, Negation, Limitation;
(3) *der Relation:* Inhärenz und Subsistenz (*Substantia* et accidens), *Kausalität* und Dependenz (Ursache und Wirkung), Gemeinschaft (Wechselwirkung zwischen dem Handelnden und dem Leidenden);
(4) *der Modalität: Möglichkeit* – Unmöglichkeit, Dasein – Nichtsein, Notwendigkeit – *Zufälligkeit* (Kant, Kritik der reinen Vernunft, Transzendentale Elementarlehre, § 10).

Wir brechen die notwendig verkürzte und selektive Darstellung einiger Kant'scher Grundgedanken hier ab, unter Verzicht gerade auch auf eine weiterführende Diskussion kritischer Einwände. Eine solche Weiterführung würde den Rahmen dieser kurzen Darstellung übersteigen, deren Sinn und Zweck nur sein konnte, die Denk- und Vorgehensweise traditioneller Erkenntnistheorie, wie sie am Erkenntnisvermögen des erwachsenen Homo sapiens ansetzt, an einem hervorragenden Vertreter zu veranschaulichen, sowie, im Sinne einer notwendigen Vorarbeit, einige wesentliche Grundbegriffe und Denkansätze bereitzustellen, ohne die Forschungsinteresse, Grundpositionen und Grundbegriffe des Piaget'schen Denkens und Forschens nicht adäquat und ausreichend rezipiert und nicht zuletzt gerade auch von ihrer Herkunft her kritisch abzuwägen sein dürften. (Erkenntnis nicht reines Rezipieren, sondern *Aktivität, Konstruktion;* Forschung zu den Grund- oder *Realkategorien* menschlicher Erkenntnis, wie *Raum, Zeit, Substanz, Objekt, Kausalität, Quantität, Zahl, Zufall* usw.)

2.3 Piagets Versuch, menschliche Erkenntnis durch Analyse ihrer Genese transparenter zu machen: Genetische Epistemologie

Es ist bekannt, daß der Weg der Erkenntnistheorie insgesamt und des erkenntnistheoretischen Denkens Kants im besonderen im

Laufe der Philosophiegeschichte bis in die Gegenwart zu einer Reihe von Schwierigkeiten und Sackgassen geführt hat, auf die hier näher einzugehen den Rahmen dieses Buches sprengen würde.

Aus dieser vorgefundenen Situation der Aporie ergab sich für Piaget ein wichtiges Motiv, die Perspektive erkenntnistheoretischen Fragens und Denkens zu variieren: Menschliches Erkenntnisvermögen ist, das mußte sich für ihn als Zoologen besonders aufdrängen, nicht als solches ausdifferenziert und voll funktionsfähig »vom Himmel gefallen«, sondern stellt vielmehr das Ergebnis eines langen phylogenetisch-stammesgeschichtlichen wie ontogenetisch-individuellen biologisch-psychologischen Entwicklungsprozesses dar.

Macht man mit dieser ja allseits offen zu Tage liegenden Tatsache ernst, so erhebt sich die Frage, ob »Wesen«, Struktur, Leistungsfähigkeit bzw. Möglichkeiten und Grenzen menschlicher Erkenntnis nicht aus ihrer biologisch-psychologisch-kulturellen *Genese* heraus, im genetischen Längsschnitt transparenter werden als durch die traditionell vorherrschende querschnittsmäßige Analyse des Endproduktes dieses langen Entwicklungsprozesses, der Erkenntnisfähigkeit des »fertigen«, erwachsenen neuzeitlichen Homo sapiens.

Genau hier liegt das *lebenslange zentrale Erkenntnismotiv* Piagets verankert, das sein Gesamtwerk in Theoriebildung und empirischer Forschung determinierte und ausgerichtet hat: Menschliches Erkennen in seinen Strukturen und seiner Leistungsfähigkeit aus seiner Genese transparenter zu machen. Dieses Unterfangen meint der Begriff *»Genetische Epistemologie«*.

Genetische Epistemologie stellt also die Frage, wie, d. h. nach welchen strukturellen Gesetzmäßigkeiten menschliche Erkenntnis sich entwickelt. Sie analysiert die jeweils komplexe Beziehung zwischen Erkennendem und Erkanntem und deren sukzessive Veränderungen unter ontogenetisch-entwicklungspsychologischem und wissenschaftsgeschichtlichem Blickwinkel (vgl. auch Flavell 1963, S. 250).

2.4 Die empirischen Quellen genetischer Epistemologie

2.4.1 Kinder- und Jugendpsychologie

Da Piaget gemäß seiner stark biologisch-naturwissenschaftlich ausgerichteten Einstellung bei diesem Unterfangen ein empirisches Vorgehen unverzichtbar erschien, stellte sich die Frage nach dem Ort, wo diese Entwicklung menschlichen Erkennens beobachtbar ist, nach der Brücke zwischen biologisch ursprünglicheren Lebensäußerungen und dem Erkennen des erwachsenen Homo sapiens.

Diesen Ort und diese Brücke bilden zunächst das menschliche Kind und der Jugendliche. So wandte sich Piaget konsequent der Kinder- und Jugendpsychologie zu.
So groß seine Verdienste für die Kinder- und Jugendpsychologie sind, so hatten diese für ihn doch letztlich immer primär instrumentellen Stellenwert, sie standen im Dienste der zentralen Fragen genetischer Epistemologie und ihrer Beantwortung. Piaget war *primär* und zuerst immer *genetischer Epistemologe* und erst in zweiter Hinsicht Kinder- und Jugendpsychologe.

2.4.2 Wissenschaftsgeschichte

Die zweite wichtige Quelle einer empirisch betriebenen genetischen Epistemologie stellt für Piaget die kollektive Entwicklung der menschlichen Erkenntnis, d. h. die Wissen(schaft)sgeschichte dar. Wie hat sich menschliche Erkenntnis auf den einzelnen Wissensgebieten, in den einzelnen Wissenschaften historisch entwickelt?

2.4.3 Vergleich ontogenetisch-individueller (Kinder- und Jugendpsychologie) und kollektiver (Wissenschaftsgeschichte) kognitiver Entwicklung. Die Frage Albert Einsteins

Dabei ist für Piaget immer eingeschlossen die Frage nach möglichen *Analogien* zwischen ontogenetisch-individuellen und kollektiv-wissensgeschichtlichen Entwicklungsprozessen, u. a. wurzelnd in Piagets Erwartung einer zumindest in wesentlichen Teilen zu findenden analogen Struktur beider Entwicklungsstränge. Man kann so in Piaget einen der seltener gewordenen modernen Vertreter einer modifizierten psychogenetischen Rekapitulationslehre sehen, wie sie in der Geschichte der Entwicklungspsychologie vor allem von St. Hall vertreten und ausgebaut wurde, nach der in Analogie zu und im Anschluß an Haeckels »Biogenetisches Grundgesetz« die psychische Ontogenese eine zeitlich stark geraffte Wiederholung der »phylogenetisch«-kollektiven Menschheitsentwicklung darstellt.*
Wieweit man hier auch immer der Piaget'schen Auffassung folgt, zweifellos dürfte sie eine der faszinierendsten und anregendsten

---

* Es kann an dieser Stelle nicht darum gehen, das Für und Wider einer solchen Auffassung zu diskutieren, sondern nur darum, sie als *eine* heuristische Ausgangsbasis des Piaget'schen Denkens herauszustellen.

Arbeitsgebiete des Piaget'schen Denkens und Forschens angeregt haben. Gibt es etwa Parallelen oder Analogien zwischen wissensgeschichtlicher und individueller Entwicklung fundamentaler Erkenntniskategorien, wie Raum, Zeit, Geschwindigkeit, Objekt, Kausalität, Zufall, Zahl, Kraft/Energie usw.?

Als *ein* Beispiel für das fruchtbare Gespräch, das gerade dieser Aspekt der genetischen Epistemologie zwischen einzelnen Wissenschaftsgebieten in Gang gesetzt hat, kann etwa die Frage angeführt werden, die Piaget aufgrund einer Anregung Albert Einsteins (1928) untersuchte: Ist das Konzept der *Zeit* oder der *Geschwindigkeit* entwicklungsgeschichtlich früher, ursprünglicher, wie Einstein selbst annahm (Piaget 1975d, S. 46)? Ist das Konzept der Zeit auch genetisch ursprünglich absolut und Geschwindigkeit auch ontogenetisch-entwicklungspsychologisch ein davon sekundär abgeleitetes Konzept, wie uns die klassische Newton'sche Mechanik als fast »selbstverständlich« nahelegt, oder verhält es sich eher umgekehrt, wie Einsteins relativitätstheoretisches Weltbild es postuliert? Aufgrund der von ihm auf diese Anregung A. Einsteins hin durchgeführten Untersuchungen (J. Piaget 1946, 1955, 1975d) kommt Piaget zur Auffassung von der genetischen Priorität des Geschwindigkeits- gegenüber dem Zeitkonzept. Dieses Ergebnis könnte dazu beitragen, eine relativistische Auffassung von der Zeit eher »vorstellbar« und denkbar erscheinen zu lassen und entsprechende kognitive Barrieren, wie sie durch Gewohnheit und Verhaftetsein an die unmittelbar sinnliche Anschauung und den räumlich und zeitlich begrenzten alltäglichen Lebensraum stabilisiert werden, aufzulockern:

»Die relativistische Auffassung wird viel weniger überraschen, wenn man sie mit der Entwicklung des Zeitbegriffs beim Kind in Beziehung setzt, als wenn man auf die völlig fertigen Begriffe des Erwachsenen zurückgeht« (J. Piaget 1950, dt. 1975d, S. 23).

Andererseits heben sich durch diese empirischen Untersuchungen der kindlichen Zeitauffassung die Unterschiede des kindlichen Denkens zur relativitätstheoretischen Zeitauffassung besonders deutlich hervor, wie sie vor allem in der noch weithin unentwickelten Fähigkeit des Kindes begründet sind, »Eigenzeiten« einzelner Bewegungen in vergleichender Zusammenschau zu einer gemeinsamen, übergreifenden Zeit zu koordinieren:

»Das Kind stellt sich anfänglich auf den Standpunkt der Eigenzeit einer jeden der beiden Bewegungen, die mit verschiedenen Geschwindigkeiten ablaufen, und es verbindet diese Geschwindigkeit noch nicht mit einer gemeinsamen oder homogenen Zeit. Der einzige dem Kind zugängliche Zeitbegriff liegt somit in der Bewegung und ist mit deren räumlichen Eigenschaften identisch, die im Positionswechsel bestehen. Der Ausdruck ›gleichzeitig‹ hat für das Kind noch keine Bedeutung, da noch keine ›gleiche Zeit‹ für verschiedene Bewegungen existiert. Dies heißt natürlich nicht, daß das Kind relativistisch denke: Dies ist im Gegenteil so wenig der Fall, daß es dem Kind nicht gelingt, zwei Gesichtspunkte zu koordinieren, wenn die Geschwindigkeiten verschieden sind: seine Eigenzeit ist nicht diejenige von Einstein, sondern diejenige von Aristoteles, der eine ähnliche Hypothese über die verschiedenen Bewegungen aufstellte« (a. a. O., S. 27).

Im Zusammenhang mit dem bekannten, für das Alltagsdenken aber weiterhin provokativen Sachverhalt konstanter Lichtgeschwindigkeit bei einem zu einer Lichtquelle unbewegten und einem bewegten Beobachter, der sich durch die relativierende Annahme einer Zeitdehnung (bei Annäherung des Beobachters an die Lichtquelle) bzw. -schrumpfung (bei Entfernung) »verstehen« läßt, zieht Piaget ein partielles Fazit aus seinen Untersuchungen, das den Horizont und die Tragweite, auch die Probleme, und – so ist zu hoffen – die Faszination dieses genetisch-epistemologischen Ansatzes vermitteln dürfte:

»Wie konnte nun diese Dilatation (der Zeit) dem Verstand als störend erscheinen? . . . Das Unbehagen ergibt sich . . ., weil diese Dilatation unseren geläufigen Anschauungen widerspricht. Hier kann uns aber der historische und genetische Gesichtspunkt zeigen, wie wenig Vertrauen man Anschauungen – die immer auf eine bestimmte geistige Entwicklungsstufe bezogen bleiben – entgegenbringen darf . . . Andererseits erfordert dieser Begriff der Relativität der Dauer eine Koordinationsanstrengung, um die Gesichtspunkte der mit verschiedenen Geschwindigkeiten bewegten Beobachter anzugleichen, die nur eine Fortsetzung der Koordinationsanstrengungen darstellt, die das Kind durchführen muß, um die heterogenen Dauern, die es den Bewegungen mit verschiedenen Geschwindigkeiten zuordnet, in eine einzige gemeinsame Zeit zusammenzufassen. So paradox es erscheint, die relativen Dauern und die Eigenzeiten der Einstein'schen Theorie verhalten sich zur absoluten Zeit wie diese zu den Eigenzeiten oder Lokalzeiten der kindlichen Anschauungen (wie auch zur Eigenzeit, die von Aristoteles postuliert wurde, in Abschnitten, die man gelegentlich zu Unrecht als Vorwegnahme der modernen Relativität interpretiert). In beiden Fällen erscheint die Zeit als eine Koordination von Geschwindigkeiten, und der Übergang von unkoordinierbaren zu koordinierbaren Geschwindigkeiten, der durch eine homogene und gleichförmige Zeit ermöglicht wird, ist eine erste Stufe der Transformation der falschen egozentrischen „Absolutheiten" in objektive Relationen. Eine zweite Stufe ermöglicht den Übergang von der absoluten Zeit (und der Möglichkeit einer unendlichen Geschwindigkeit) zur relativen Zeit, die mit einer präzisen Koordination der Geschwindigkeiten verbunden ist« (a. a. O., S. 47, 48).

Neben den oben (S. 19) angeführten individuelle und kognitive Entwicklung vergleichenden Untersuchungen erkenntnistheoretischer und wissenschaftlicher Grundkategorien (Raum, Zeit, Geschwindigkeit, Objekt, Kausalität, Zahl, Zufall usw.) oder von Fragestellungen aus den theoretischen (Mathematik) und erfahrungswissenschaftlichen Grundwissenschaften (Physik, Biologie, Psychologie, Soziologie) führte eine andere exemplarische Fragestellung genetischer Epistemologie zur Überprüfung der Annahme, ob die Konzepte, die sich im Verlauf der Wissenschaftsgeschichte als widerstandsfähigste erwiesen haben, auch am ursprünglichsten und tiefsten in der psychischen oder gar biologischen Entwicklung verwurzelt sind.

Eine weitere Thematik von hoher weltanschaulicher und somit sozialer Relevanz stellt ferner der Vergleich der ontogenetisch-kindlichen und der historisch-kollektiven Entwicklung von Weltbildern, ihrer egozentrischen Verstrickung und langsamen Loslösung von stärker egozentrisch zu weniger egozentrischen Strukturen usw. dar.

2.5 Biographische Konsequenzen

Das aufgezeigte Grundmotiv des Erkenntnis- und Forschungsstrebens J. Piagets läßt seine weitere Biographie nur konsequent erscheinen.

Um sich psychologische Untersuchungsmethoden anzueignen, setzte Piaget nach seiner Promotion in Zoologie an der Universität Neuchâtel im Jahre 1918 seine Studien während der nächsten zwei Jahre u. a. in Bleulers Psychiatrischer Klinik bei Zürich sowie an der Sorbonne fort. 1920 nahm er eine Stelle an Binets psychologisch-pädagogischem Laboratorium in Paris an. Er sollte einen von Burt entwickelten Denk-Test für Pariser Kinder standardisieren. Sein Interesse wandte sich bei dieser Arbeit mehr und mehr von den rein psychometrischen Aspekten des bloßen »richtig oder falsch« zu den Denk-*Wegen*, auf denen die Kinder jeweils zu den »falschen« Antworten kamen. Er zog dazu zunehmend Methoden der Befragung, wie er sie in Bleulers Klinik kennengelernt hatte, heran und erarbeitete so die Grundlagen seiner »klinischen Metho-

de«, die für ihn später auf vielen Forschungsgebieten kennzeichnend werden sollte (vgl. S. 44 ff.).
1921 und 1922 veröffentlichte Piaget vier Artikel über wesentliche Ergebnisse seiner Untersuchungen, einen in dem von Claparède, dem damaligen Leiter des Genfer »Institut J. J. Rousseau« herausgegebenen »Archives de Psychologie«. Claparède bot Piaget daraufhin, beeindruckt durch seine publizierte Forschungsarbeit, eine Stelle als Forschungsleiter am »Institut J. J. Rousseau« in Genf an. Piaget nahm dieses Angebot, das ihm günstige Möglichkeiten bot, seine Untersuchungen weiterzuführen, an.
Die Ergebnisse dieser Forschungsarbeiten stellte er, außer in einer Reihe von Artikeln, in seinen ersten fünf Büchern dar, die er in den folgenden Jahren über kindliches *Sprechen und Denken*, das *kindliche Weltbild*, die kindliche Konzeption der *physikalischen Kausalität* und des kindlichen *moralischen Urteils* veröffentlichte und die ihn rasch weltweit bekannt machten.
Damit hatte eine überaus fruchtbare Forschungs- und Publikationsarbeit begonnen, deren Ergebnisse sich im Laufe eines langen Lebens in weit über 400 Publikationen niederschlugen. Es überschreitet den Rahmen dieser kurzen Einführung bei weitem, dieses umfangreiche und vielfältige Lebenswerk, das durchgängig von dem oben skizzierten zentralen Motiv, genetische Epistemologie zu betreiben, bestimmt wurde, auch nur kursorisch darzustellen (der speziell biographisch interessierte Leser sei auf Flavell 1963, S. 1–9, auf die Autobiographie Piagets in »J. Piaget – Werk und Wirkung«, Band 2168 der Reihe »Geist und Psyche«, Kindler 1976, S. 15–59, ferner auf Marie-Paule Michiels und Anne-Sylvie Vanclair-Visseur »Piaget und seine Zeit. Daten zu Leben, Werk und Wirkung« verwiesen).
Neben seiner Forschungsarbeit lehrte Piaget als Hochschullehrer, vor allem an den Universitäten Genf sowie an der Sorbonne in Paris, in erster Linie Wissenschaftsgeschichte und -theorie bzw. genetische Epistemologie und Entwicklungspsychologie.
1925, 1927 und 1931 wurden Piagets Kinder Jacqueline, Lucienne und Laurent geboren. Im Rahmen einer umfangreichen und intensiven Beobachtung insbesondere der kognitiven Entwicklung seiner drei Kinder arbeitete Piaget in den folgenden Jahren die Grundzüge seiner Erkenntnisse und Theorien über die intellektuelle Entwicklung in der frühen Kindheit heraus, insbesondere im Hinblick auf die von ihm so benannte Stufe der »*sensomotorischen Intelligenz*« (ca. 0–2 Jahre), die er 1936 in einem seiner später verbreitetsten Bücher »La naissance de l'intelligence chez l'enfant« (deutsch: »Das Erwachen der Intelligenz beim Kinde«, 1975) darlegte.

Ein anderes Buch (»La formation du symbole chez l'enfant. Imitation, jeu et rêve. Image et représentation«, 1945; deutsch: »Nachahmung, Spiel und Traum«, 1975), das ebenfalls weite Verbreitung fand, hat die folgende Entwicklungsstufe des *symbolisch-verinnerlichten* kognitiven Handelns oder Denkens (vgl. S. 65 ff.) einschließlich des Verhältnisses und des Übergangs von der sensomotorischen zur symbolisch-voroperationalen Entwicklungsstufe zum Gegenstand.

Während seiner umfangreichen entwicklungs- bzw. kinderpsychologischen Arbeiten kehrte Piaget immer wieder zu seinem Grundinteresse, der genetischen Epistemologie, zurück. 1950 publizierte er seine dreibändige »Indroduction à l'Epistémologie Génétique« (dt. »Die Entwicklung des Erkennens«, 1974), in der er seine entwicklungspsychologischen Forschungsergebnisse und Erkenntnisse im Hinblick auf Probleme der Wissensgeschichte bzw. Erkenntnisentwicklung in den basalen Wissenschaftsbereichen der Mathematik, der Physik, der Biologie, der Psychologie und Soziologie analysiert.

1955 gelingt es Piaget, in Genf ein internationales Zentrum für genetische Epistemologie (»Centre International d'Epistémologie Génétique«) zu etablieren, das einer engen und gleichzeitig weltweiten Zusammenarbeit von Vertretern der verschiedensten Wissenschaften zur Analyse und Weiterführung schwerpunktmäßiger Jahresthemen auf dem Gebiet der genetischen Epistemologie dienen sollte und in der Folge auch diente.

J. Piaget starb im August 1980 im Alter von fast 84 Jahren.

3. Piagets Theorie kognitiver Entwicklung: Grundkonzepte und -merkmale

3.1 Annahme eines genetischen Kontinuums zwischen ursprünglich-fundamentalen Lebensäußerungen und höchstentwickelten Erkenntnisleistungen

Wesentliche Eigenschaften des Piaget'schen Modells der kognitiven Entwicklung sind zu verstehen und ergeben sich konsequent aus dem im vorigen Abschnitt skizzierten Grundmotiv Piagets, genetische Epistemologie zu betreiben, d. h. das menschliche Erkenntnisvermögen, seine Struktur und Leistungsfähigkeit aus seiner Genese, wie sie sich in der Entwicklung des Einzelwesens wie auch in der Wissensgeschichte darlegt, zu erhellen.

Piaget sucht das Band zwischen niedersten Lebensäußerungen und den höchsten kognitiven Leistungen des erwachsenen Menschen aufzuzeigen. Er geht aus von einem *Entwicklungskontinuum* (was »qualitative Sprünge«, »emergent qualities« nicht ausschließt, s. S. 41) zwischen den fundamentalsten Interaktionen und Austauschprozessen zwischen Organismus und Umwelt auf phylo- wie ontogenetisch frühesten Stufen der Entwicklung und den höchsten kognitiven Leistungen des Homo sapiens.

Der Begriff »Kontinuum« impliziert einerseits Aspekte des beschriebenen Phänomens oder Prozesses, die identisch bleiben, *invariant* sind, und andererseits solche, die sich in verschiedenem Ausmaß im Verlaufe des betreffenden (hier: Entwicklungs-)Prozesses verändern, *variabel* sind.

Welches sind für Piaget die invarianten, welches die variablen Aspekte dieses genetischen Kontinuums zwischen fundamental-ursprünglichen Lebensäußerungen und höchstentwickelten Erkenntnisprozessen?

3.1.1 *Funktionale Invarianten des Kontinuums*

3.1.1.1 Adaptation: Assimilation und Akkommodation

Den invarianten Aspekt des beschriebenen Entwicklungskontinuums sieht Piaget in der nach seiner Auffassung über alle Entwicklungsstufen gleichbleibenden Grundfunktion der *Adaptation*, der notwendigen, immer neu zu leistenden Anpassung eines jeden Organismus jeder Entwicklungshöhe an seine Umwelt.

Sieht man den Organismus als offenes System, das in dauerndem Austausch von Materie, Energie und Informationen mit seiner Umgebung bestimmte innere Sollwerte oder Gleichgewichtszustände (z. B. eine bestimmte Temperatur, Sauerstoffversorgung usw.) innerhalb nicht zu überschreitender Toleranzgrenzen realisieren und aufrechterhalten muß, soll er nicht zusammenbrechen, so ließe sich genau die Summe der organismischen Prozesse, die diese Sollwerte oder Gleichgewichtszustände herstellen und aufrechterhalten, mit dem Begriff der Adaptation bezeichnen. Oder unter einem anderen Aspekt gesehen: Adaptation liegt dann vor, wenn die Interaktion oder die Austauschprozesse zwischen Organismus und Umwelt so gestaltet oder modifiziert werden, daß weitere, folgende Austauschprozesse, die im Dienste der Erhaltung des jeweiligen Organismus stehen, begünstigt werden.

Dabei lassen sich nach Piaget zwei, in der Realität immer zusammen vorkommende, aber dennoch bei verschiedenen Adaptationsvorgängen verschieden stark akzentuierte und auch von daher begrifflich zu unterscheidende Grundaspekte jeder Adaptation aufzeigen: Geschieht Adaptation primär so, daß Elemente der Umwelt vorhandenen Strukturen und Eigenschaften des Organismus angepaßt und diesem »einverleibt« werden (z. B. mechanische Zerkleinerung und chemische Umformung der als Nahrung zu verwendenden Umweltelemente), so spricht Piaget von *Assimilation* (von lateinisch assimilare = angleichen, nämlich von Elementen aus der Umwelt an vorgegebene Strukturen des Organismus).

Steht umgekehrt bei Adaptationsvorgängen die modifizierende Anpassung des Organismus und seiner Strukturen an vorgegebene Eigenschaften der Umwelt im Vordergrund (Beispiel Nahrungsaufnahme: Entwicklung von Aufnahme-, Transport- und Verdauungsorganen, z. B. Mund, Speiseröhre, Magen, Darm, verschiedener Verdauungsstoffe und Enzyme), so spricht Piaget von *Akkommodation* – dem Aspekt der Adaptation, der im Alltagsverständnis von »Anpassung« fast ausschließlich oder doch ganz überwiegend gemeint ist und gerade auf der sozialen Ebene mit entsprechend kritisch-negativen Assoziationen und Inhalten im Sinne von Konformismus belastet ist.

Für Piaget dagegen hat Adaptation immer einen *Doppelaspekt:* sie ist immer sowohl Anpassung (und damit Umgestaltung) der Umwelt an den Organismus als auch Anpassung des Organismus und seiner Strukturen an die Umweltgegebenheiten. Hier zeigt sich die Auffassung Piagets vom Menschen, auf die weiter unten (vgl. S. 42f.) noch einzugehen sein wird, als eines wesentlich aktiven, die Umwelt gestaltenden und nicht nur auf die Umwelt passiv reagierenden und von ihr einseitig determinierten Wesens. In der optimalen Balance zwischen Assimilations- und Akkommodationsaspekten sieht Piaget ein Kriterium gelungener oder reifer Adaptation.

3.1.1.2 Organisation

Adaptation als mehr äußerliches Geschehen wird für Piaget immer begleitet, weil erst ermöglicht, durch ein innerorganismisches Geschehen, sozusagen die »innere Seite« jeder Adaptation, durch das Phänomen der »*Organisation*«. »Organisation« bedeutet die Tendenz aller Organismen, Strukturen und Aktivitäten zu systematisieren, hierarchisch zu koordinieren, in immer höhere, komplexere, übergreifendere funktionale Systeme zu integrieren, um so übergeordnetere, immer umfassendere und komplexere Funktionen zu realisieren.

Es ist hier nichts anderes gemeint als die jeder lebendigen Entwicklung inhärente Tendenz zur Integration, Zentralisierung oder Hierarchisierung der in einem komplementären Prozeß der Differenzierung stetig ausgegliederten und zunehmend spezialisierten Teilstrukturen und -funktionen, d. h. deren fortschreitende Koordination im Dienste immer umfassenderer Funktionen.

Dieses Merkmal der Organisation ist nach Piaget wie auch sein äußerer komplementärer Aspekt der Adaptation ursprünglich-niederen wie höchstentwickelten Lebensäußerungen gemeinsam.

3.1.2 Varianten des Kontinuums

3.1.2.1 Instrumentelle Strukturen und Organe

Im Gegensatz zu diesen nach Piaget funktionalen Invarianten jedes phylo- wie ontogenetischen Entwicklungskontinuums stellen die jeweils somatischen wie psychischen Strukturen, Organe, mittels derer diese invariante Funktion der Adaptation in ihrem Doppelaspekt der Assimilation und Akkommodation realisiert wird, den *variablen* Aspekt des hier zu beleuchtenden Entwicklungskontinuums dar.

Bleibt auch die zu realisierende Funktion über die Strecke der phylo- wie ontogenetischen Entwicklung im Prinzip die gleiche, nämlich durch eine Optimalisierung der Austausch- und Interaktionsprozesse zwischen Organismus und Umwelt das Überleben und die Ausweitung des Lebensraumes zu ermöglichen, so verändern sich die Instrumente, mittels derer der jeweilige Organismus dieses funktionale Ziel realisiert, von Entwicklungsstufe zu Entwick-

lungsstufe, von Art zu Art, von einer artspezifischen Umwelt zur anderen.
Ob die Sauerstoffversorgung des Organismus durch Kiemen oder durch Lungen geleistet wird, die Grundfunktion der Adaptation bleibt im Prinzip die gleiche.

3.1.2.2 Inhalte

Als in noch höherem Maße variabel als die Strukturen und instrumentellen Organe sind nach Piaget das »Material«, die Inhalte anzusehen, die von den jeweiligen Strukturen, Organen assimiliert werden, seien dies materielle Stoffe in fundamentaleren somatischen Bereichen oder kognitive Inhalte, die durch die als »Erkenntnisorgane« aufzufassenden artspezifisch eher konstanten kognitiven Strukturen aufgenommen werden: Interhuman gleichförmige kognitive Strukturen werden mit interkulturell und interindividuell sehr variablen Inhalten »gefüttert«.

3.1.3 Gesamtaufbau des Piaget'schen Entwicklungskontinuums

So lassen sich innerhalb des von Piaget postulierten Entwicklungskontinuums folgende drei Hauptaspekte nach zunehmender Variabilität ordnen:

Funktionale Invarianten:
- Adaptation; Assimilation, Akkommodation (äußerer Aspekt)
- Organisation (innerer Aspekt)

Instrumentelle Strukturen (»Organe«):
- Variabel zwischen Entwicklungsstufen (und Arten), eher invariant innerhalb spezieller Entwicklungsstufen

Inhalte:
- Variabel auch innerhalb derselben Entwicklungsstufen (Individuen, Kulturen)

3.1.4 Veranschaulichende Beispiele

Die fundamentale Bedeutung dieser Grundbegriffe für das Verständnis des Piaget'schen Modells läßt es sinnvoll erscheinen, sie an konkreten Beispielen zu veranschaulichen, ihre konkreten Inhalte an Beispielen einerseits aus basalen Bereichen wie dem physisch-materiellen Austausch des Organismus mit seiner Umwelt (Nahrungsaufnahme) wie andererseits aus psychischen Bereichen (Erkenntnis) zu verdeutlichen, um so die Spannweite des Abbildungsanspruchs des Piaget'schen Grundmodells anschaulich zu machen.

3.1.4.1 Somatisch

Zu den fundamentalsten Austauschprozessen des offenen Systems Organismus mit seiner Umwelt gehört die Nahrungsaufnahme. Ihre Funktion, die Realisierung bestimmter Sollwerte oder Gleichgewichtszustände (z. B. Blutzuckerspiegel, Versorgung mit verschiedensten lebenswichtigen Grundstoffen) als Voraussetzung der Selbsterhaltung wie der Ausweitung des Lebensraumes des Organismus, dürfte evident sein.

Der Unteraspekt der Adaptation, der als *Assimilation* die anpassende Umgestaltung der jeweiligen Umweltelemente an die vorgegebenen Strukturen des Organismus bezeichnet, realisiert sich u. a. in der mechanischen Zerkleinerung der Nahrungsstoffe durch Beißen und Kauen sowie der chemischen Umwandlung der aufgenommenen Nahrungsstoffe, um so eine »Einverleibung« in den Organismus und seine Strukturen zu ermöglichen.

Andererseits läßt sich auch der Aspekt der *Akkommodation,* der Anpassung des Organismus und seiner Strukturen an die zu assimilierenden Elemente der Umwelt, leicht ausmachen: Hier wäre unter phylo- wie ontogenetischem Aspekt die Ausbildung spezieller Aufnahme- (Mund/öffnen), Zerkleinerungs- (Zähne/kauen), Transport- (Speiseröhre/schlucken), Verdauungsorgane und -funktionen (Magen, Darm usw./Produktion spezifisch abgestimmter Enzyme) zu nennen, deren kompliziertes und sehr fein angepaßtes Bedingungsgefüge oft erst bei Ausfällen einzelner Glieder erkennbar wird und den hohen Grad an *Organisation* als inneren Aspekt des hier angesprochenen Adaptationsprozesses »Nahrungsaufnahme« deutlich werden läßt.

Wieder geschieht dieser Adaptationsprozeß mittels jeweils spezifischer Organe, deren Grundfunktion über verschiedene Entwicklungsstufen hinweg gleichbleibt, deren strukturelle Beschaffenheit aber über verschiedene Entwicklungsstufen bzw. Arten hinweg sich ändern kann und tatsächlich ändert.

3.1.4.2 Psychisch-kognitiv

Dies alles mögen faszinierende Prozesse von hoher »Intelligenz« darstellen; sie dürfen jedoch als bekannt vorausgesetzt werden. Von Interesse und beschreibenswert werden sie an dieser Stelle deshalb, und dies ist einer der dem Piaget'schen Erkenntnismodell eigentümlichen Züge, weil Piaget – immer unter dem Leitmotiv, Erkenntnis aus ihren biologischen Ursprüngen heraus transparent zu machen und ein Kontinuum zwischen ursprünglich-niedersten Lebensäußerungen und höchsten Erkenntnisprozessen aufzuzeigen – den umfassenden Versuch macht, menschliches Erkennen bis in seine höchsten Manifestationen durch dieselben funktionalen und strukturellen Grundbegriffe nicht nur zu beschreiben, sondern darüber hinaus beansprucht, sie durch diese Grundmerkmale in ihrem »Wesen« zu kennzeichnen.

Auch *Erkenntnisprozesse,* verstanden als (Informations-)Austausch-, Interaktionsprozesse zwischen Organismus und Umwelt im Dienst der Erhaltung und Ausweitung des Lebensraumes des Organismus, werden von Piaget als *Adaptationsvorgänge* angesehen, durch die kognitive Elemente der Umwelt aktiv an bestehende Erkenntnisstrukturen bzw. »-organe« des jeweiligen Organismus assimiliert, d. h. inkorporationsfähig gemacht werden, wie andererseits dieselben instrumentellen Erkenntnisstrukturen oder Erkenntnisorgane sich im Vorgang der *Akkommodation* den zu erkennenden Objekten und Relationen und deren strukturellen Merkmalen »anformen«, anpassen.

Dabei strebt einerseits die Entwicklung des Erkennens zu einer jeweils optimalen *Balance* zwischen Assimilations- und Akkommodationsaspekten, so wie andererseits unreife kognitive Niveaus durch ein entsprechendes Ungleichgewicht zu kennzeichnen wären.

Im Symbolspiel des Kindes etwa, wo ein Holzstück als Puppe oder Lokomotive fungieren kann, überwiegt der Aspekt der Assimilation: das Objekt wird trotz großer objektiver Unähnlichkeit fast »gewaltsam« an das entsprechende Erkenntnis-Schema (s. S. 30 ff.) »Puppe« oder »Lokomotive« assimiliert, d. h., der Anteil der Assimilation am Erkenntnisprozeß ist sehr stark ausgeprägt. Umgekehrt läge der Fall nach Piaget beim Nachahmungsspiel, wo das Kind ganz überwiegend an vorgegebene Umweltstrukturen akkommodiert.

Daß dieser Alternativaspekt auch erwachsene Erkenntnisstrukturen fruchtbar kennzeichnen kann, könnte man an einer der umfassendsten und bedeutsamsten kognitiven Strukturen aufzeigen, durch welche die Gesamtheit des jeweilig Erfaßbaren kognitiv einzuverleiben versucht wird: der Weltanschauung oder dem Weltbild. Weltbilder, bei denen ein Ungleichgewicht zugunsten der Assimilation vorläge, wären etwa solche, bei denen die komplexe Realität nach dem Motto »Reim' Dich oder ich fress' Dich« »gewaltsam« in vorgegebene kognitive Strukturen gepreßt, assimiliert würde, die Distanz zur objektiven Realität sehr groß wäre (wie etwa bei verbreiteten simplifizierten Schwarz-weiß-Weltbildern). Ein Über-

wiegen der Akkommodation läge bei einem Mangel eigener ausgeprägter kognitiver »Weltstrukturen« vor, so daß die Folge ein labiles jeweiliges Anpassen an momentane, situativ sich möglicherweise ändernde Weltbildangebote wäre.
Es soll hier offenbleiben und dem Leser zur Beurteilung überlassen werden, ob und wieweit eine solche Sicht von Weltbildern oder -anschauungen angemessen erscheint (auch eine Frage der Assimilation); es geht an dieser Stelle nur darum, die Art und Weise aufzuzeigen, wie ursprünglich biologisch-funktionale Kategorien zur Beschreibung auch höchster menschlicher Erkenntnisleistungen heranzuziehen sind und damit noch einmal die Spannweite des Piaget'schen Modells zu verdeutlichen.
Es wurde schon gesagt, daß die dem biologischen Bereich im engeren Sinn entnommenen Analogien bzw. Modellvorstellungen zur Analyse und Beschreibung auch kognitiver Prozesse sich nicht nur auf den funktionalen, sondern auch auf den instrumentellen Aspekt erstrecken. Auch im Bereich des Erkennens haben sich im Laufe der Stammes- und Individualentwicklung spezifische strukturierte Erkenntniswerkzeuge, -organe herausgebildet, kognitive Strukturen, an welche die aus der Umwelt stammenden kognitiven Elemente assimiliert werden müssen, soll Erkenntnis stattfinden. Andererseits müssen diese kognitiven Strukturen sich stetig an die zu assimilierenden bzw. zu erkennenden Umweltgegebenheiten akkommodieren. So wird auch Erkennen in seinem Wesen als ein biologisch (und sozial) fundierter, im Wechselspiel zwischen Assimilation und Akkommodation sich vollziehender Adaptationsprozeß begriffen. Das bedeutet auch: ohne entsprechend entwickelte Erkenntnisorgane, ohne kognitive Strukturen, an die assimiliert, in die die kognitive »Nahrung« einverleibt werden kann, keine Erkenntnis.
Wie hat man sich nun nach Piaget solche »Erkenntnisorgane«, solche instrumentellen kognitiven Strukturen vorzustellen? Dies soll an einem der zentralsten Begriffe der Piaget'schen Entwicklungstheorie, dem Begriff des Schemas, veranschaulicht werden.

3.2 Das kognitive Schema

3.2.1 Strukturelle Eigenschaften

Unter einem *Schema* versteht Piaget eine kognitive Struktur, die sich auf eine Klasse gleichartiger Handlungssequenzen bezieht. Diese Handlungssequenzen bilden im Rahmen des jeweiligen Sche-

mas eine organisierte Ganzheit, innerhalb derer die einzelnen elementareren Handlungssegmente straff gekoppelt, in festliegender Abfolge angeordnet sind.
Zur Veranschaulichung kann das Greifschema, eines der für die kognitive Entwicklung an ihrer Basis wichtigsten Schemata (vgl. »Begreifen« als – schon sprachlich deutlich – fundamentalen kognitiven Begriff) dienen: es bezieht sich auf die Klasse der *gleichartigen* (keine Greifhandlung ist der anderen völlig gleich) Handlungssequenzen des Greifens. Diese Greifhandlungen besitzen eine eindeutige Struktur. Sie stellen jeweils organisierte Ganzheiten dar, innerhalb derer die einzelnen Handlungssegmente – Ausstrecken des Armes, Ausstrecken der Finger, Berühren und Umklammern des zu greifenden Gegenstandes, Heranziehen des Armes – in festliegender Abfolge angeordnet sind. Eine Veränderung der notwendigen Abfolge würde Funktion und konstituierende Struktur der Greifhandlung paralysieren.
Der Charakter der Ganzheit oder auch Gestalt zeigt sich weiter in der Abhebbarkeit der jeweiligen Verhaltenseinheit gegenüber dem sonstigen Verhaltenshintergrund. Dies läßt sich wieder an der Greifhandlung in ihrer deutlichen Abhebung gegenüber der übrigen mehr oder minder diffusen Hintergrundmotorik des Säuglings deutlich veranschaulichen.
Im Hinblick auf ein adäquates Verständnis des Schemakonzeptes ist noch einmal herauszustellen: ein Schema ist nicht einfach der jeweiligen Verhaltenssequenz gleichzusetzen, auf die es sich bezieht und von der es seinen Namen erhält. »Schema« stellt vielmehr einen *Dispositionsbegriff* dar: im Laufe der Aktivierung assimilatorischer und akkommodatorischer Adaptationsprozesse entwickeln sich spezielle instrumentelle kognitive Strukturen, Erkenntnisorgane, organisierte Dispositionen, z. B. Objekte zu verschiedenen Malen zu greifen, oder allgemeiner, Realität zu assimilieren, kognitiv einzuverleiben. Ein solches Erkenntnisorgan, eine solche organisierte Disposition stellt neben anderen auch das zur Veranschaulichung herangezogene Greifschema dar. Durch das Greifschema als einem der wichtigsten Erkenntnisorgane, das sich in einzelnen konkreten Greifhandlungen manifestiert, eignet sich das Kind kognitiv erste und wesentliche Umweltaspekte an.

3.2.2 Dynamische Eigenschaften

Es muß mit Nachdruck darauf aufmerksam gemacht werden, daß das Konzept »Schema«, wie es im Piaget'schen Entwicklungsmo-

dell verwendet wird, *sich vom Alltagsverständnis* bzw. dem Gebrauch in der Alltagssprache *unterscheidet.*
Insbesondere die mit dem Begriff Schema häufig assoziierte Bedeutung des Starren, Unflexiblen, Unlebendigen, die sich inbesondere im Adverb »schematisch« ausdrückt, ist dem Piaget'schen Konzept »Schema« völlig wesensfremd.* Schema als Erkenntnisorgan, als *lebendiges* Teilsystem im Dienste der Adaptation des lebendigen Gesamtorganismus stellt eine genuin dynamisch-aktive und flexible Struktur dar, die sich nicht nur durch die genannten strukturellen, sondern gleichermaßen durch eine Reihe *dynamischer* Eigenheiten kennzeichnen läßt.

Hier kommt die spezifische Motivationslehre Piagets zum Tragen, nach der instrumentelle Strukturen oder Organe generell, und so auch Erkenntnisorgane, nicht nur durch ihre strukturellen Merkmale, sondern ebenso durch die ihnen von vornherein *inhärenten Tendenzen zur Aktivierung* der in ihren Strukturen vorgegebenen Assimilations- und Akkommodationsmöglichkeiten wesentlich gekennzeichnet sind. D.h., jedem einmal ausgebildeten Organ, jeder instrumentellen kognitiven Struktur, und so auch jedem Schema, wohnt wesentlich – intrinsisch – die Tendenz zur Realisierung der spezifisch möglichen Funktion, zur Anwendung inne. Diese Motivation zur Anwendung, zur Aktivierung muß nicht erst, und hier unterscheidet sich Piaget von entsprechenden behavioristischen oder lerntheoretischen Auffassungen, durch von außen kommende Verstärkung aufgebaut werden.

Diese dem Schema intrinsisch innewohnende Tendenz zur Aktivierung manifestiert sich in vier wesentlichen unterscheidbaren Aspekten, die Piaget als verschiedene Ausprägungen des Assimilationsprozesses kennzeichnet.

3.2.2.1 Reproduktive Assimilation

Jedem Schema wohnt wesentlich die Tendenz zu immer wiederholter Aktivierung, zur *reproduktiven* oder *funktionalen Assimilation* inne.

Hat ein Indivduum ein bestimmtes Schema ausgebildet, so wird es dieses wiederholt aktivieren. Ein Kind, das das Saug- oder Greifschema erworben hat, wird die Tendenz zeigen, immer wieder von neuem zu saugen oder nach Gegenständen zu greifen, ohne daß

---

* Von manchen Autoren wurde deshalb anstelle des Wortes »Schema« das Wort »Plan« gebraucht, das aber ebenso viele konnotative Probleme mit sich bringen dürfte.

dieses Saugen oder Greifen jeweils, im Sinne der Lerntheorie, durch extrinsische Belohnung verstärkt werden müßte, vielmehr scheint dies aus reiner »Funktionslust« (K. Bühler) zu geschehen. Jedem, der einmal mit Kindern gelebt hat, dürfte diese Tendenz zur Wiederholung erworbener Schemata unmittelbar anschaulich sein.

3.2.2.2 Generalisierende Assimilation

Jedem erworbenen Schema wohnt weiter die Tendenz inne, den jeweiligen Anwendungsbereich fortlaufend auszuweiten, die Tendenz zur *generalisierenden Assimilation*.

Ein Kind, das das Saug- oder Greifschema erworben hat, wird nicht nur wiederholt saugen und greifen, sondern es wird fortlaufend versuchen, neue Gegenstände und ziemlich alles, was es zu fassen bekommt, zu besaugen oder zu greifen, d. h. sein Saug- und Greifschema im Hinblick auf seinen Objektbereich fortlaufend auszuweiten.

Die Bedeutung dieser nach Piaget jedem Schema inhärenten Tendenz zur Generalisierung für die kognitiv-intellektuelle Entwicklung ist kaum zu überschätzen. Eine nur gleichförmige Wiederholung, als rein konservatives Prinzip, bedeutete allenfalls eine funktionale Vervollkommnung einer sich aber im wesentlichen identisch bleibenden Handlungsstruktur, keinesfalls aber eine Fort- und Weiterentwicklung. Erst die Liberalisierung oder Lockerung der relativ starren Koppelung zwischen Objekt und Schemahandlung, wie wir sie bei der klassischen Instinkthandlung oder beim Reflex vorfinden, erst die Ausweitung auf immer neue Objekte und Bereiche bedeutet und ermöglicht Weiter- und Höherentwicklung. Hier, etwa in der Ausweitung oder »Liberalisierung« des Saugreflexes oder -instinktes vom ursprünglichen Schlüsselreiz Mutterbrust oder des Greifreflexes zum Saug- oder Greifschema mit seiner intrinsischen Tendenz zur Ausweitung auf immer neue, zahlreichere und verschiedenere Objekte kann man einen der Ursprungsorte und Hauptbewegkräfte der kognitiven Menschwerdung sehen, einen der Ursprünge der den Menschen auszeichnenden stetigen Ausweitung seines Welthorizontes von der noch engen Lokalwelt des Säuglings (und des Tieres) bis zur Unbegrenztheit modernster Weltbilder in mikro- und makrokosmische, nicht mehr vorstellbare, aber noch denkbare Unendlichkeiten hinein.

3.2.2.3 Differenzierend-rekognitorische Assimilation

Während das Kind so immer neue Objekte an seine kognitiven Strukturen, seine Schemata zu assimilieren versucht, erkennt es *Unterschiede* in der Assimilierbarkeit der verschiedenen Objekte.

Es gibt Objekte, die durch ihre glatt-angenehme Oberflächenbeschaffenheit, ihre sich der Mundöffnung anpassende Gestalt gut besaugen lassen. Manche sind dabei mit angenehmen, manche mit neutralen, manche mit unangenehmen Geschmackserlebnissen verbunden, manche, wie etwa eine »fusselige« Kamelhaardeckenecke, sind von ihrer Oberflächenbeschaffenheit weniger angenehm zu saugen usw.

Oder: während das Kind immer neue Gegenstände zu greifen versucht, erkennt es auch hier, daß sich schwieriger (glatte bis schlüpfrige Oberflächenbeschaffenheit) zu greifende von leichter (griffige, vielleicht leicht rauhe Oberfläche) zu greifenden Objekten unterscheiden lassen, daß es Gegenstände gibt, die heranzuziehen mehr Kraft (schwerere Gegenstände → Gewicht, Masse) erfordert, andere, die mit nur sehr geringem Kraftaufwand heranzuholen sind usw.

Eines Tages versucht das Kind vielleicht, eine Flüssigkeit zu greifen und stellt fest, daß dies nicht möglich ist: so entwickelt sich eines Tages aus dem Greifschema ein neues Schema, das Schöpfschema. Das Kind erwirbt so in der generalisierenden Anwendung des Greifschemas zwei grundlegende Kategorien: »greifbar« und »schöpfbar«, noch ganz in der sensomotorischen (vgl. S. 51 ff.) Aktivität eingebettete Vorstufen der späteren basalen Kategorien zur Erfassung der Aggregatzustände »fest« und »flüssig«.

Im Hinblick darauf, daß so im generalisierenden Vollzug der kognitiven Schemata die differenzierende Erkenntnis der Realität langsam wächst und sich ausgliedert, wird dieser Aspekt der Schema-Aktivität im Rahmen des Piaget'schen Modells *rekognitorische, differenzierende* oder *diskriminatorische Assimilation* genannt.

Bei der pädagogischen Förderung der sich so vollziehenden Entwicklung und Erweiterung des kognitiven Horizontes durch die komplementären Vorgänge der generalisierenden und differenzierend-rekognitorischen Assimilation ist jedoch nach Piaget zu beachten, daß der Neuheitscharakter der an die schon vorhandenen kognitiven Strukturen zu assimilierenden Umweltaspekte nicht fehlen, aber auch nicht zu ausgeprägt sein darf. Dies ergibt sich daraus, daß nur so weit assimiliert, d. h. erkannt werden kann, als entsprechende Assimilationsschemata, kognitive Strukturen, an die assimiliert werden kann, schon ausgebildet sind.

Ein Holzwürfel kann von einem Kind im 1. Lebensjahr zunächst nur an die sensomotorischen Schemata des Greifens, Werfens usw. assimiliert und somit nur als Greif- und Werfbares »erkannt« werden, jedoch noch nicht als Bauelement oder gar als Exemplar der abstrakten Klasse würfelförmiger Objekte mit ihren entsprechenden geometrisch-mathematischen Eigenschaften. Ein Plastikring kann vom Säugling als Saugbares, Greifbares, Schwingbares, noch nicht aber als rollbarer Reifen oder gar als Exemplar der abstrakten Klasse ringförmiger Körper assimiliert bzw. »erkannt« werden. Entsprechende große Entwicklungssprünge sind dem sich entwickelnden Organismus nicht möglich, vielmehr stellt es eine fundamentale Eigenheit auch kognitiver Entwicklung dar, daß sich die akkommodierende Modifikation von Assimilationsschemata nur in relativ *kleinen Schritten* vollziehen kann.

Daraus ergäbe sich für eine der kognitiven Entwicklung förderliche Pädagogik die Forderung, Veränderungen der angebotenen Spiel- und Betätigungsobjekte nur dosiert und in kleineren Schritten vorzunehmen, damit einerseits durch neue, veränderte Aspekte Akkommodations- und damit Weiterentwicklungsprozesse der Assimilationsschemata angeregt, andererseits aber vermieden wird, daß durch Darbietung zu unvertrauter, völlig fremdartiger Reizkonstellationen entsprechende Umweltsituationen gar nicht »zur Kenntnis genommen«, d. h. assimiliert, kognitiv verarbeitet werden können.

3.2.2.4 Reziproke Assimilation

Ein weiteres dynamisches Grundmerkmal kognitiver Schemata ergibt sich aus der oben dargelegten Grundtendenz aller lebenden Systeme zur Organisation, zum Zusammenschluß zu umfassenderen Einheiten und zur gegenseitigen Koordination im Dienste immer komplexerer, umfassenderer Funktionen. So sind auch kognitive Schemata gekennzeichnet durch ihre intrinsische Tendenz zur gegenseitigen Koordination, d. h., wie Piaget sich ausdrückt, zur *reziproken Assimilation*.

Beispiele für solche schon sehr frühe gegenseitige Koordination bzw. reziproke Assimilation einzelner Schemata wäre etwa die Koordination von Seh- und Greifschema, oder, auf etwas späterer Stufe, die reziproke Assimilation der Schemata des Wegschiebens eines Hindernisses oder Heranziehens einer Unterlage und des nachfolgenden Greifens eines Gegenstandes, wenn das Kind etwa die Aufgabe löst, einen sichtbar hinter einem Hindernis oder auf einem anderen Gegenstand (z. B. einem Kissen) liegenden Gegenstand zu ergreifen und heranzuholen. Diese noch relativ einfachen, überschaubaren, aus nur sehr wenigen elementaren Schemata bestehenden Schemakomplexe sind der Ausgangspunkt einer Entwicklung, an deren Ende hochkomplexe Verhaltenssysteme aus unzähligen reziprok assimilierten Einzelschemata stehen, realisiert etwa im Bau eines Schrankes durch einen Schreiner oder in der Durchführung eines wissenschaftlichen Forschungsprogramms oder generell in allen über viele sukzessiv geordnete und gegenseitig abgestimmte Einzelhandlungen zu einem übergeordneten Gesamtziel führenden Handlungskomplexen.

Ein Sonderfall reziproker Assimilation wäre die Höherentwicklung im Sinne zunehmender Komplexität durch die reziproke Assimilation eines Schemas mit sich selbst. So etwa, wenn das Schema des Addierens an dasselbe Schema des Addierens assimiliert wird und so das Schema des Multiplizierens entsteht, durch weitere reziproke Assimilation das Schema des Potenzierens usw.

Im Zusammenspiel reproduktiv-funktionaler, generalisierender, differenzierend-rekognitorischer und reziproker Assimilationsaspekte ist der eigentliche Kernprozeß der kognitiven Entwicklung von der engen Anbindung erster Reflex- und Instinkthandlungen an ihre vorgegebenen Objekte, ihre Schlüsselreize, bis zu dem weithin zwar nicht mehr vorstellbaren (und auch nur schwer emotional-existenziell zu realisierenden), aber denkbaren prinzipiell unbegrenzten und unendlichen Welthorizont zu sehen.

3.3 Äquilibration oder Gleichgewicht

3.3.1 Besonderheiten des biologischen und psychologischen Gleichgewichtskonzepts. Regelung. Äquilibration als Selbstregulierung

Von zentraler Bedeutung im Rahmen des Piaget'schen kognitiven Entwicklungsmodells ist das Konzept des *Gleichgewichts* bzw. der *Äquilibration*. Ein System befindet sich dann im Gleichgewicht, wenn Kräfte und Gegenkräfte sich gegenseitig in ihrer Wirkung ausgleichen. Das klassische Beispiel, das dem Begriff den Namen gab, stellt ein Waagebalken mit jeweils gleichen Gewichten und Gegengewichten in jeweils gleichem Abstand vom Drehpunkt dar, so daß ein ausbalancierter Schwebezustand des Waagebalkens die Folge ist: er befindet sich im Gleichgewicht.

Dieses ursprüngliche Bild des mechanischen Gleichgewichts bildet die Merkmale eines biologisch-organismischen, physiologischen oder kognitiv-psychologischen »Gleichgewichts« allerdings nur unvollkommen ab.

Zunächst lassen sich im viel komplexeren Bereich des biologisch-organismischen »Gleichgewichts« Kräfte und Gegenkräfte in den seltensten Fällen auf einer einfachen, gemeinsamen Dimension (wie oben Gewicht) messen und miteinander vergleichen. Hier liegt ein

Kritikpunkt der Verwendung des Gleichgewichtsbegriffs für den biologisch-organismischen Bereich, auf den partielle Unschärfen der Begriffsverwendung oder partiell auch die Gefahr der zirkulären Verwendung zurückgehen dürften.

Zum anderen bedeutet Gleichgewicht im Biologisch-organismischen nach Piaget keinen Zustand der Ruhe, sondern im Gegenteil lebhafter *Aktivität*, um so mehr, je stabiler und höher entwickelt, d. h. adaptiver der jeweilige Gleichgewichtszustand ist.

Ferner gehört zum biologisch-organismischen Begriff des Gleichgewichts ganz wesentlich der *zirkuläre Aufbau* im Sinne eines *Regelkreises*, nach dem störende Einflüsse und Kräfte, die zu Abweichungen von einem bestimmten Gleichgewichtszustand oder, vielleicht prägnanter ausgedrückt, von einem bestimmten Sollwert führen, durch kompensierende Gegenmaßnahmen des Organismus ausgeglichen werden, so daß am Ende dieser kompensierenden oder regulierenden Gegenaktivität der ursprüngliche »Gleichgewichtszustand« oder Sollwert wieder hergestellt ist.

Diese Eigenschaft der *Selbstregulierung* lebender Organismen nennt Piaget *Äquilibrationsprozeß*. Selbstregulierung im Sinne der Kompensation störender Einflüsse, die auf das offene System Organismus einwirken und spezielle Gleichgewichtszustände bzw. funktionell notwendig aufrechtzuerhaltende Sollwerte zu verändern drohen, gehört zu den allgemeinsten Merkmalen aller lebenden Systeme.

Für Piaget stellt das Suchen nach Gleichgewicht zugleich den umfassendsten, allgemeinsten Aspekt und Motor, Äquilibrationsprozesse den innersten Kern, das »Herz« alles biologischen Entwicklungsgeschehens (auch des psychisch-kognitiven) dar, dem sich andere zentrale funktionale Begriffe, wie Adaptation und Organisation, Reifung und Lernen, subsumieren.

Adaptation – ebenfalls optimal realisiert in zunehmendem Gleichgewicht zwischen Assimilation und Akkommodation, d. h. Äquilibration der Austausch- und Interaktionsprozesse zwischen Subjekt und Objekt, Organismus und Umwelt – und Organisation stehen im Dienst der Herstellung immer höherer und flexiblerer Gleichgewichtszustände. Sie sind also untrennbare Bestandteile von Äquilibrationsprozessen.

Äquilibrationsprozesse sind zu den funktionalen Invarianten zu rechnen, die den niedersten und höchsten Lebensformen gemeinsam sind. So finden sich schon auf den niedersten Stufen des Lebens solche kompensierenden Äquilibrationsprozesse; so etwa, wenn bestimmte Bakterien ihre chemischen Strukturen zur Aufnahme von Phosphor vermehren, wenn sie in ein phosphorarmes

Milieu versetzt werden, und nach einer Übergangszeit der Überaufnahme diese Vermehrung wieder rückgängig machen, wenn sie in eine phosphorreiche Umgebung zurückversetzt werden (nach K. Lorenz 1973). Die Beschleunigung der Atmung bei Sauerstoffmangel in der Umgebung oder erhöhtem Sauerstoffbedarf auf seiten des Organismus wäre ein weiteres Beispiel von unzähligen anderen für kompensierende, der drohenden oder eingetretenen Veränderung eines organismischen Gleichgewichtszustandes oder funktionalen Sollwertes entgegenarbeitende Aktivitäten, eben für Äquilibrationsprozesse.

3.3.2 Kognitionen als Äquilibrationsprozesse

Auf der anderen Seite werden nach Piaget auch noch die höchsten kognitiven Leistungen des Homo sapiens durch die Suche nach Wiederherstellung bzw. Aufrechterhaltung kognitiver Gleichgewichtszustände gekennzeichnet und motiviert; sie stellen also Äquilibrationsprozesse dar. Sie sind zu verstehen als Suche nach Gleichgewicht zwischen oder innerhalb von externen oder internalisierten Systemen von Handlungen oder Operationen (deren Systemeigenschaften eben deshalb nach Piaget wieder in Gleichgewichtsbegriffen beschreibbar sind).

Logische Widersprüche, kognitive Dissonanzen, Erkenntnislücken etwa stellen solche das kognitive Gleichgewicht bedrohende Störfaktoren dar, denen das Individuum durch den kompensierenden Einsatz jeweils spezifisch angepaßter, strukturierter Denkinstrumente entsprechend der jeweiligen kognitiven Entwicklungsstufe gegensteuert.

3.3.3 Dialektik zwischen konservativen und progressiven Tendenzen im Äquilibrationsgeschehen

Äquilibrationsprozesse sind einerseits insofern *konservativ*, als sie zum Ziel haben, gegenüber drohenden oder eingetretenen Veränderungen eines jeweiligen Gleichgewichts oder Sollwertes den Status quo zu erhalten oder zu ihm zurückzukehren. Äquilibrationsprozesse innerhalb von Organismen implizieren aber gleichzeitig die lebendigen Prozessen immanente Tendenz zur Höherentwicklung, d. h. die Tendenz, immer komplexere, umfassendere und effizientere Selbstregulierungs- bzw. Äquilibrationsprozesse zu realisieren (*progressiver* Aspekt).

Wir hatten diese Dialektik zwischen konservativen und progressiven Kräften schon oben am Zusammenspiel zwischen den allen kognitiven Schemata immanenten Tendenzen zur *reproduktiven* (konservative Tendenz) und *generalisierenden* (progressive Tendenz) Assimilation dargestellt und analysiert (vgl. S. 32 ff.). Wir begegnen dieser fundamentalen Dialektik kognitiver Entwicklung nun in einem noch umfassenderen Sinne in dem kontinuierlichen Prozeß der Entwicklung immer höherer und effizienterer qualitativ unterschiedener Gleichgewichtszustände.

3.3.4 Kennzeichen höherer Gleichgewichtszustände

Höhere Gleichgewichtsstufen unterscheiden sich von niedereren wie generell höher entwickelte lebendige Strukturen von niedereren durch einen *höheren Komplexitäts-, Differenziertheits-* und *Organisationsgrad*. D. h., die den Gleichgewichtszustand erhaltenden oder wiederherstellenden Funktionen und Handlungen wie die diesen zugrunde liegenden instrumentellen Strukturen sind auf der jeweils höheren Ebene zahlreicher, differenzierter und besser gegenseitig koordiniert.

Das bedeutet, daß einerseits der *Anwendungsbereich* der jeweiligen Äquilibrationsprozesse, andererseits aber auch die *Stabilität* der dadurch erreichten Gleichgewichtszustände mit wachsender Entwicklungshöhe zunehmen.

Das thermische Gleichgewicht ist beim wechselwarmen Tier wesentlich weniger gegen Störungen, d. h. hier Temperaturveränderungen in der Umgebung, gefeit. Die höhere Entwicklungsstufe des Warmblüters, die durch die Fähigkeit ausgezeichnet ist, das Wärmeniveau des Organismus in bestimmten Grenzen gegenüber Außentemperaturschwankungen konstant zu halten, zeichnet sich dagegen durch einen höheren Grad an Stabilität (d. h. Fähigkeit, Störfaktoren zu kompensieren) des zugehörigen Gleichgewichtszustandes aus. Daß hiermit auch der Anwendungsbereich oder Lebensraum größer wird, liegt auf der Hand.

Mit zunehmender Entwicklungshöhe stehen dem Organismus bzw. Individuum eine nach Menge wie qualitativer Differenzierung und Beweglichkeit zunehmende Zahl kompensierender, störungsausgleichender Aktivitäten zur Verfügung, so daß die Zahl nicht kompensierbarer Störfaktoren ab- und gleichzeitig der Anwendungsbereich der kompensierenden Aktivitäten zunimmt. Dies bedeutet nichts anderes, als daß die *Stabilität* der einmal erreichten Gleichgewichtszustände mit höherem Entwicklungsniveau *wächst*.

Zieht man in Betracht, daß die genannten Eigenschaften höherer Gleichgewichtszustände im Bereich des Psychischen auch einen höheren Grad an *Beweglichkeit* im Sinne wachsender Möglichkeit zunehmend zahlreicherer und distanzierterer Ortsveränderungen (sensomotorisch oder in der Vorstellung) in der Zeiteinheit beinhalten, so läßt sich leicht einsichtig machen, wie Anwendungsfeld, Stabilität und in der Folge Effizienz der jeweiligen Gleichgewichtszustände von Entwicklungsstufe zu Entwicklungsstufe auch im kognitiven Bereich zunehmen.

So erweitern sich etwa Anzahl und Differenziertheitsgrad möglicher kompensierender Aktivitäten und damit Anwendungsfeld, Stabilität und Effizienz der entsprechenden Äquilibrationsprozesse im Stadium des symbolisch-voroperationalen Denkens (ca. 2−7 Jahre) gegenüber dem Stadium des sensomotorischen (ca. 0−2 Jahre) Erkennens durch die Möglichkeit, nicht nur die im unmittelbaren sensomotorischen Wirk- und Wahrnehmungsraum präsenten Gegebenheiten, sondern auch die nur vorstellungsmäßig gegebenen Sachverhalte in den jeweiligen Äquilibrationsprozeß einbeziehen zu können (vgl. unten S. 63 u. S. 68).

Der Vorstellungsbereich in diesem und auch dem nächstfolgenden Stadium der konkreten Operationen ist noch eng, wenn auch in abnehmendem Ausmaß, dem Wahrnehmungsbereich verhaftet und damit immer noch nach Zahl sowie Differenziertheit der möglichen kompensierenden Aktivitäten eingeschränkt. Dagegen nimmt die Zahl und Differenziertheit möglicher störungskompensierender Aktivitäten und damit die Stabilität der erreichbaren Gleichgewichtszustände im Stadium der formalen Operationen (etwa ab 11.−12. Lebensjahr, vgl. S. 90ff.) mit der Fähigkeit, auch hypothetisch-potentielle Aspekte in die jeweiligen Äquilibrationsprozesse einfließen zu lassen, sowie der Fähigkeit, abstrakt-formalisierte operationale Aktivitäten mit potentiell fast unbeschränktem Anwendungsfeld zu realisieren, noch einmal in sehr starkem Ausmaß zu.

Jedes lebendige und so auch jedes kognitive Entwicklungsgeschehen strebt nach Piaget in einem kontinuierlichen umfassenden Äquilibrationsprozeß über diskontinuierlich-qualitativ unterschiedliche Stufen zu einem optimalen, immer beweglicheren, flexibleren und stabileren, d.h. Störungen immer effizienter kompensierenden Gleichgewichtszustand zunehmenden, schließlich potentiell unbegrenzten Anwendungsbereichs.

3.4 Zum Piaget'schen Biologismus

Anhand der zentralen Stellung der Konzepte »Gleichgewicht« und »Äquilibration« im Piaget'schen Modell kognitiver Entwicklung läßt sich nunmehr weiter verdeutlichen, was das, was man weniger adäquat den »Biologismus« oder zutreffender die biologische Grundlegung der Piaget'schen Theorie kognitiver Entwicklung genannt hat, bedeutet.

Es bedeutet, das dürfte durch das inzwischen Gesagte deutlich geworden sein, weder einen platten biologischen Reduktionismus im Sinne einer vollständigen Rückführbarkeit und Erklärbarkeit auch höchster kognitiver Phänomene auf frühere oder gar früheste Lebensphänomene, noch die Annahme einer von ihren biologischen Ursprüngen völlig autonomen Existenz und Qualität geistiger oder Erkenntnisphänomene.

Die partiell neuen Qualitäten, die »emergent qualities«, von Strukturen und Handlungen der jeweils höheren Entwicklungsebenen werden nicht geleugnet. Ja, Piaget betont ausdrücklich die Tatsache, daß etwa Strukturen und Handlungen bzw. Operationen der höchsten kognitiven Entwicklungsstadien ihren Ursprung aus organismischen Strukturen in ihrer qualitativen Originalität weit überschreiten. Andererseits ist seine Theorie insofern als biologisch fundiert anzusehen, als er ihr bei aller qualitativen Weiterentwicklung doch als zentralen Ausgangsaspekt eine den ursprünglichsten wie den höchsten kognitiven Lebensäußerungen gemeinsame biologisch-funktionale Basis zugrunde legt.

Zu diesen grundlegenden funktionalen Gemeinsamkeiten sind nun in erster Linie die niedersten, ursprünglichsten wie höchsten Lebensäußerungen gemeinsamen Äquilibrationsprozesse im Sinne kybernetisch beschreibbarer Selbstregulationen des in Interaktion mit seiner Umwelt nach immer stabileren Gleichgewichtspositionen sich hinentwickelnden offenen Systems »Organismus« zu zählen.

Innerhalb dieser Äquilibrationsprozesse realisieren sich auf allen Entwicklungsebenen die übrigen, niedersten wie höchsten kognitiven Lebensäußerungen gemeinsamen funktionalen Merkmale: die Adaptation in ihren polaren Aspekten der Assimilation und Akkommodation sowie der diesen eher äußeren Aspekten entsprechende innere Aspekt der Organisation im Sinne zunehmender Systematisierung.

Es dürfte klar sein, daß negative Konnotationen des Begriffs »Biologismus« im Sinne etwa einer allzu simplifizierenden Reduktion höherer, komplexerer Phänomene auf niedere oder etwa der Aberkennung der höheren Entwicklungsstufen zukommenden neuen Qualitäten dem Piaget'schen Denken eher fern liegen.

Dennoch muß schon an dieser Stelle gefragt werden, ob die Bestimmung des Wesens und des Kerngeschehens auch höchster kognitiver Prozesse, wie etwa der Ausbildung von Weltbildern oder Weltanschauungen, durch Rückführung auf basale biologische Funktionen wie Äquilibration und Adaptation auch der *funktionalen* Wesensbestimmung solcher höchster Erkenntnis- und Sinnfindungsleistungen noch gerecht werden kann, ob der Nutzen der Erklärbarkeit aus biologischen Ursprüngen gegen die Gefahr eines Verkennens spezifischer, eben auch funktionaler Eigenheiten solcher höchster Erkenntnis- und Orientierungsleistungen ausbalanciert, »äquilibriert« ist? Mit der (genetischen) Spannweite von Konzepten, Modellen oder Theorien (über die kognitiven Entwicklungsstufen hinweg) vergrößert sich die (genetische) Erklärbarkeit von Untersuchungsbereichen, gleichzeitig wächst aber immer auch die Gefahr, zugunsten der (genetischen) Gemeinsamkeiten, Invarianzen, die spezifischen Eigenheiten, die »emergent qualities« der höheren Systemebenen zu vernachlässigen. Wieweit werden die funktionalen Invarianzen der Assimilation, der Akkommodation, der Organisation und der Äquilibration, die der Konstruktion von Weltanschauungen, eines ethischen Systems, eines eleganten mathematischen Formalismus oder eines Freiburger Münsterturms mit dem Vorgang des Essens gemeinsam sind, der spezifischen, eben auch funktionalen (und nicht nur strukturellen) Wesensbestimmung dieser höchsten menschlichen Leistungen gerecht? Diese Fragen werden für den kritischen Piaget-Leser immer wieder gegenüber dem faszinierenden Vorteil (zumindest partieller) genetischer Erklärbarkeit abzuwägen sein.

3.5 Zum Menschenbild Piagets

Biologische Fundierung der Piaget'schen Theorie bedeutet auch das Abheben auf die niedersten und höchsten Lebensäußerungen gemeinsame immanente Tendenz zur spontanen Aktivität, zur Betätigung, zur Realisierung und Ausweitung der strukturell und funktional gegebenen Potenzen. Hier zeichnen sich wesentliche Züge des Piaget'schen Menschenbildes ab.

Im Gegensatz zu den beiden lange vorherrschenden Deutungssystemen der modernen Psychologie, der Psychoanalyse und des Behaviorismus (zumindest und am deutlichsten in ihren orthodoxen oder »reinen« Ausprägungen), die den Menschen im Kern als durch äußere und/oder innere Kräfte determiniertes Wesen sehen, ist für Piaget der Mensch wesentlich durch *spontane* und *konstruktive Aktivität* gekennzeichnet.

Er ist wesentlich ein Handelnder, nicht nur ein Reagierender, nicht nur im Bereich der Intervention in die Wirklichkeit im engeren Sinne, sondern auch und gerade im Bereich des Erkennens. Erkenntnisse sind nach Piaget immer das Ergebnis eines dialektischen Zusammenspiels zwischen inneren und äußeren, subjektiven und »objektiven« Gegebenheiten, der konstruierenden Aktivität des Individuums mittels der jeweiligen instrumentellen kognitiven Organe und der »Realität«. (Hier wie an anderen Stellen zeigt sich besonders deutlich der Einfluß der Kant'schen Erkenntnislehre auf Piaget. Vgl. oben S. 16).

Durch den deutlich gewordenen Verzicht auf alte vereinfachend-reduktionistische Modellvorstellungen, durch das Ernstnehmen der höheren Austauschprozesse zwischen Organismus und Umwelt und ihrer gegenüber niedereren, deterministisch ausreichend beschreibbaren Vorgängen eigenen »neuen« Qualitäten wird das Piaget'sche Modell den zu beschreibenden Vorgängen wesentlich gerechter; es wird aber gleichzeitig in dieser höheren Komplexität wesentlich schwieriger handhabbar und verliert stellenweise an Präzision (vgl. unten S. 106 ff.).

4. Zu Piagets Methodologie

Es wurde bereits oben (S. 21) aufgezeigt, wie das Forschungsinteresse Piagets schon als Mitarbeiter Binets sich weniger auf die psychometrisch erfaßbaren Endleistungen der getesteten Kinder, sondern viel stärker auf die Denk*wege*, die zu diesen intellektuellen Leistungen führten, richtete. Dieses Interesse, die Wege oder die *instrumentellen Strukturen*, die den jeweiligen intellektuellen Leistungen auf den verschiedenen Entwicklungsstufen zugrunde liegen, zu erfassen, blieb lebenslang Zentrum des Piaget'schen kinder- und jugendpsychologischen Forschungsbemühens. Mit diesem Ziel, dem kindlichen und jugendlichen Denken zugrunde liegende Strukturen transparent zu machen, begründet Piaget sein methodisches Vorgehen, das sich in wesentlichen Eigenheiten von den gängigen Wegen der Datengewinnung und -verarbeitung auf dem Gebiet der Kinder- und Jugendpsychologie abhebt und als weitere charakteristische Eigenheit des Piaget'schen Vorgehens angesehen werden kann.

Zunächst ist zu sagen, daß die jeweils von Piaget zur Gewinnung seiner kinderpsychologischen Daten eingesetzten Methoden variieren, abhängig von der jeweiligen Fragestellung bzw. den verschiedenen untersuchten Gegenstandsbereichen wie auch den verschiedenen untersuchten Altersgruppen. So unterscheiden sich die Methoden, die Piaget bei seinen Untersuchungen zur Wahrnehmung eingesetzt hat, von denen zum intellektuellen Bereich (die allein Gegenstand dieses Buches sind). Aber auch im intellektuellen Bereich variiert das Vorgehen, etwa je nachdem, ob sich die jeweilige Fragestellung auf einen konkret anwesenden Gegenstand (z. B. Untersuchungen im Hinblick auf die Hebelgesetzmäßigkeiten an einer konkret vorgegebenen Hebelvorrichtung oder Untersuchungen zur Mengen- oder Volumeninvarianz an vorgegebenen Materialien) oder nicht unmittelbar gegebene Gegenstandsbereiche (z. B. Träume, Aspekte kindlicher Weltbilder) bezieht. Im letzten Fall ist das Medium von Frage und Antwort die Sprache, im ersten können Fragen des Untersuchers wie die entsprechende Antwort des Kindes auch nonverbal, gänzlich oder zum Teil, durch eine entsprechende Aufgabenstellung und die entsprechende manipulative Aufgabenbearbeitung oder -lösung des Kindes erfolgen.

Die hierbei dominierende Kernmethode Piagets, die im klassischen Fall aus einer Mischung aus Beobachtungs-, experimentellen und Interviewanteilen besteht, nennt Piaget selbst in Analogie zum

Vorgehen bei psychiatrisch-klinisch-psychologischen Untersuchungen „Klinische Methode". »Die Klinische Untersuchung ist somit experimentell, insofern der Kliniker Probleme aufwirft, Hypothesen aufstellt, die Bedingungen variiert und schließlich seine Hypothesen an den durch das Gespräch ausgelösten Reaktionen überprüft. Die Klinische Untersuchung besteht aber auch aus direkter Beobachtung, insofern der gute Kliniker sich selbst lenken läßt, indem er lenkt, und den ganzen geistigen Kontext berücksichtigt, anstatt ›systematischen‹ Fehlern zum Opfer zu fallen, was beim reinen Experimentator so oft der Fall ist« (Piaget 1926, dt. 1978).

Im wesentlichen besteht dieses Vorgehen in einer Kette von stimulierenden Fragen oder Aufgaben von seiten des Untersuchenden und Antworten bzw. nicht verbalen Reaktionen des Kindes, wobei die zweiten, dritten . . .n'ten Fragen bzw. Aufgabenvariationen des Untersuchers jeweils unmittelbar durch die vorangegangenen Reaktionen des Kindes, mittelbar durch den theoretischen Hintergrund des zu untersuchenden Gegenstandsbereichs und die daraus abzuleitenden Hypothesen bestimmt wird.

Eine sehr wichtige Quelle für (vor allem Erst-) Fragen des Untersuchers stellen dabei die spontanen Äußerungen und Fragen der Kinder der jeweiligen Altersstufen zum entsprechenden Gegenstandsbereich dar. Die Wahrscheinlichkeit, für die jeweiligen Kinder inhaltlich relevante und verständlich formulierte Fragen zu stellen, wird dadurch wesentlich erhöht.

Die folgenden Beispiele können die kettenartige, wechselseitig determinierte Interaktionsstruktur der Klinischen Untersuchungsmethode veranschaulichen:

»GAVA (8;6 Jahre): Woraus ist der Himmel? – Es ist eine Art Wolke, die sich bildet. – Wie? – Es ist der Dampf der Schiffe, der zum Himmel aufsteigt, und das gibt dann ein großes blaues Gartenbeet. – Ist der Himmel hart oder nicht hart? – Es ist wie eine Art Erde. – Woraus? – Es ist wie Erde, die mehrere kleine Löcher hat; und dann hat es Wolken, sie gehen durch die kleinen Löcher hindurch, und wenn es dann regnet, fällt der Regen durch die kleinen Löcher. – Wie hat das angefangen? – . . . Als die Erde da war, hat es vielleicht Häuser gegeben, und dann hat es Rauch gehabt, das hat den Himmel gebildet. – Ist der Himmel lebendig? – Ja, denn wenn er tot wäre, dann würde er herunterfallen (cf. die Definition des Lebens durch die Tätigkeit). – Weiß der Himmel, daß er die Sonne trägt, oder weiß er es nicht? – Ja, denn er sieht auch die Helligkeit. – Wie sieht er sie? – Er weiß, wann die Sonne aufgeht und wann die Sonne untergeht. – Woher weiß der das? – Seit er (= der Himmel) geboren wurde, hat er es gewußt, wann die Sonne gekommen ist, und jetzt kann er es dann auch wissen, wann die Sonne aufgeht und wann die Sonne untergeht« (Piaget 1978, S. 231).

»Duc (6 Jahre): Warum ist es in der Nacht dunkel? – Weil es Zeit ist, ins Bett zu gehen. – Und wie kommt es, daß es dunkel wird? – Die Wolken machen es. – Wußtest du das schon? – Ich habe es jetzt herausgefunden. – Wie machen sie es? – Weil es dunkle Wolken gibt. – Hast du schon einmal in der Nacht den Mond und die Sterne gesehen? Hatte es in diesen Nächten Wolken am Himmel? – Ja. – Hat es in der Nacht immer Wolken? – Nein. – Und wenn es keine Wolken hat, kommt dann die Nacht ganz von allein? – ... – Wie wird es dunkel, wenn es keine Wolken hat? – Die Wolken machen es.«

Einige Wochen später: »Wie entsteht die Nacht? – Weil ganz dunkle Wolken kommen. – Hat es immer Wolken, wenn es Nacht ist? – Ja. – Und wenn es hell ist, warum ist es dann hell? – Damit man etwas sieht« (Piaget 1978, S. 234).

Ist hier die *Sprache* das Forschungsmedium, so kann auf frühen, noch nicht sprachlichen Altersstufen die Erhellung der kindlichen kognitiven Strukturen nur auf der *Handlungsebene,* d. h. durch Stellung bestimmter »Aufgaben« und der Beobachtung der entsprechenden kindlichen Reaktion erfolgen:

»Mit 0;10 (18) sitzt Jacqueline auf einer Matratze, ohne daß irgend etwas sie hindern oder ablenken könnte (keine Decken usw.). Ich nehme ihr ihren Papagei aus den Händen und verstecke ihn zweimal nacheinander unter der Matratze an ihrer linken Seite, an Stelle A. Beide Male sucht Jacqueline sofort das Objekt wieder und nimmt es an sich. Dann nehme ich es ihr wieder aus den Händen und führe es sehr langsam und vor ihren Augen an den entsprechenden Platz an ihrer rechten Seite unter der Matratze, an Stelle B. Jacqueline schaut dieser Bewegung sehr aufmerksam zu, aber in dem Moment, in dem der Papagei bei B. verschwindet, dreht sie sich nach links und sucht ihn da, wo er vorher versteckt war, bei A. Im Verlauf der vier folgenden Versuche verstecke ich den Papagei jedesmal bei B, ohne ihn vorher nach A gelegt zu haben. Jedesmal verfolgt mich Jacqueline aufmerksam mit den Augen. Dennoch sucht sie jedesmal gleich das Objekt bei A wiederzufinden: sie dreht die Matratze um und untersucht sie sorgfältig. Während der beiden letzten Versuche läßt das Suchen nach« (Piaget 1975c, S. 57).

Beim älteren Kind lassen sich schließlich beide Erkenntnismittel, Sprache (Fragen/Antworten) und Handlung (Aufgabenstellung/ Reaktion) kombinieren.

Die Variation der Fragen wie die Manipulation des vorgelegten

Materials bzw. der jeweiligen Aufgabensituation ist immer von der vorausgegangenen Reaktion des Kindes oder des Jugendlichen determiniert; d. h. aber, daß der verbale oder nonverbale Dialog sich mit jedem Kind anders gestalten wird.
Mit dieser Tatsache rechtfertigt Piaget das für heutige Maßstäbe auffällige Defizit an Standardisierung der Untersuchungssituationen wie die fehlende statistische Verarbeitung seiner Daten, was seinem Forschungsstil häufig einen eher anekdotischen Charakter verleiht, der zwar zu zahlreichen fruchtbaren und anregenden Hypothesen führt, einen weitergehenden Anspruch, als »Beleg« für bestimmte von Piaget postulierte entwicklungspsychologische Gesetzmäßigkeiten zu dienen, häufig nicht unproblematisch erscheinen läßt. Hier wäre sicher, ohne die Vorteile der »klinischen« Methode opfern zu müssen, wesentlich mehr an Standardisierung und intersubjektiv kontrollierbarer und kontrollierter Auswertung möglich und wünschenswert, wie es weitgehend in einer Reihe von Nachfolgeuntersuchungen realisiert wurde. Hierher gehört auch der kritische Vermerk, daß vielfach Angaben über relevante Merkmale (Zahl, soziale Herkunft u. a.) der untersuchten Population fehlen. Die Alternative »psychometrische Meßdaten über bloße Endleistungen vs. Einsicht in die zu diesen Endleistungen führenden kognitiven Strukturen« kann sicher nicht als so weitgehend sich gegenseitig ausschließend gesehen werden, wie es das Vorgehen Piaget's manchmal nahelegt (vgl. S. 111).

Andere Gefahren und Probleme der Klinischen Methode, wie etwa die mögliche Suggesstion der aus der jeweiligen Theorie abgeleiteten Hypothesen, eine Gefahr, die zusätzlich verstärkt werden kann durch eine mögliche (erwachsen-egozentrische) Unterschätzung der Inkohärenz, größeren Unempfindlichkeit gegenüber Widersprüchen und weitgehend fehlenden Systematik (früh-)kindlichen Denkens, sieht Piaget sehr scharfsichtig. Er unterzieht sie einer gründlichen Analyse und entwickelt spezifische Kontrollmöglichkeiten, ebenso wie im Hinblick auf die Schwierigkeit, Wesentliches vom Zufälligen, reflektierte Überzeugungen von willkürlich ad hoc fabulierten Verlegenheitslösungen oder mehr oder minder unangeeignet nachgeredeten Ansichten von Erwachsenen zu unterscheiden. Einen guten Eindruck von Piaget's methodenkritischer Reflexion vermittelt u. a. das Einleitungskapitel seines Buches »Das Weltbild des Kindes«. Auch hier wären allerdings strengere methodische Kontrollmöglichkeiten denkbar, ohne einen allzu wesentlichen Informationsverlust in Kauf nehmen zu müssen.
Aufgrund dieser methodenbedingten Einschränkungen können

strenggenommen viele Aussagen Piaget's als zwar theoretisch und empirisch plausible, aber doch auch als noch dringend weiter zu sichernde Hypothesen betrachtet werden, die zwar in einem beträchtlichen, aber bislang zumindest zum Teil nicht ausreichendem Ausmaß durch Nachfolgeuntersuchungen bestätigt wurden. Diese festzuhaltenden, insbesondere auch für die folgenden Abschnitte zu beachtenden Einschränkungen überdecken nicht die großen Verdienste Piaget's, dessen Werk als eine der fruchtbarsten Hypothesenquellen der Entwicklungspsychologie angesehen werden kann und wie kaum ein anderes Theoriebildung und Forschungsaktivität auf dem Gebiet der kognitiven Entwicklungspsychologie angeregt hat.

5. Kognitive Entwicklung als Abfolge strukturell verschiedener Perioden

5.1 Allgemeines zu Piagets Entwicklungsstufen

Zu den wesentlichsten (und am meisten bekannt gewordenen) Bestimmungsstücken der Piaget'schen Theorie der kognitiven Entwicklung gehört die Auffassung von der gesetzmäßigen Abfolge strukturell jeweils verschiedener Entwicklungsstufen.
Schon oben (S. 24ff.) wurde ausgeführt, daß nach Piaget die Grundfunktionen aller Lebensvorgänge (Adaptation und Organisation), also auch kognitiver Prozesse, von den primitivsten bis zu den höchsten Lebensäußerungen, also etwa den Erkenntnisleistungen des erwachsenen Homo sapiens, als invariant anzusehen sind. Die instrumentellen Strukturen oder Organe aber, mittels derer diese im Grunde stets gleichbleibenden Grundfunktionen realisiert werden, unterscheiden sich qualitativ in der phylo- wie ontogenetischen Entwicklungsabfolge.
Auf der Basis dieser qualitativen Verschiedenheit der kognitiven Strukturen lassen sich nach Piaget die folgenden gesetzmäßig aufeinanderfolgenden *Perioden der kognitiven Ontogenese des Menschen* beschreiben:
(1) *Periode der sensomotorischen Intelligenz:* ca. 0−2 Jahre
(2) *Periode des voroperationalen Denkens:* ca. 2−7 Jahre, mit den beiden Unterperioden
   − Entwicklung der Symbolfunktion, der Sprache, des vorbegrifflichen und transduktiven Denkens (ca. 2−4 Jahre)
   − Anschauliches (noch stark der Wahrnehmung verhaftetes) irreversibles Denken (ca. 4−7 Jahre)
(3) *Periode der konkreten Operationen:* Reversibilität, Gruppierungen, aber noch stark der konkret-anschaulichen Realität verhaftet (ca. 7−11 Jahre)
(4) *Periode der formalen Operationen:* formales, abstraktes hypothetisches Denken (ab ca. 11 Jahre)
Die angeführten, an Genfer Kindern gewonnenen Altersangaben sind nur als grobe Anhaltspunkte anzusehen. Das *Auftrittsalter* wie auch die Dauer der einzelnen Perioden *variieren* in Abhängigkeit von verschiedenen Faktoren, wie Intelligenzhöhe, Sozialisationsbedingungen, Erfahrungen mit verschiedenen Erkenntnisgegenständen usw. Ferner: die höchste Stufe der formalen Operationen muß nicht von allen Angehörigen und/oder für alle Gegenstandsberei-

che einer Kultur aktualisiert werden; dies kann besonders dann der Fall sein, wenn in der jeweiligen soziokulturellen Umgebung (wie etwa bei sogenannten »Naturvölkern«) keine Notwendigkeit zur Realisierung formal-operationalen Denkens, generell oder für bestimmte Gegenstandsbereiche, besteht (Piaget 1966, Piaget und Inholder 1977a, Greenfield 1966).

Als *invariant* sieht Piaget dagegen die *Abfolge* der angeführten Entwicklungsperioden an (Piaget 1928); eine Annahme, die nicht nur entwicklungslogisch stimmig erscheint, sondern ebenso durch eine Reihe – auch interkultureller – Untersuchungen weitgehend bestätigt werden konnte (vgl. unten S. 112 u. S. 114).

Auch die hier beschriebene Periodeneinteilung stellt wie alle Phaseneinteilungen der psychischen Entwicklung eine idealisierte Vereinfachung der tatsächlich wesentlich komplexeren und differenzierteren Realität dar (vgl. auch Flavell 1963, S. 20–24, Wetzel 1980, S. 74–79). Die Heterogenität der entsprechenden Verhaltensweisen innerhalb der einzelnen Entwicklungsperioden ist von Individuum zu Individuum und von Erkenntnisbereich zu Erkenntnisbereich größer als es der gegenüber der Realität notwendig vereinfachte Perioden-Schematismus erscheinen lassen könnte. Dies hat auch Piaget seit je gesehen; sein Forschungsanliegen war jedoch nicht oder nur in sekundärer Weise die Identifikation differential- und sozialisationspsychologischer Faktoren, die das immer wieder replizierte Sequenzmodell von Fall zu Fall im Hinblick auf Aktualisierungszeitpunkt und Gegenstandsbereich variieren können, sondern die Frage, nach welchen *Gesetzmäßigkeiten* die einzelnen kognitiven Strukturen der jeweiligen Entwicklungsperioden *auseinander hervorgehen* und aufeinander folgen.

Zur Beantwortung *dieser* zentralen Frage Piagets hat sich das von ihm entworfene und empirisch immer wieder überprüfte Stufenmodell der kognitiven Entwicklung sowohl im Hinblick auf die theoretische Durchdringung und erhöhte Transparenz eines so komplexen Geschehens wie der kognitiven Entwicklung als auch auf die daraus hervorgehenden mannigfaltigen Forschungsaktivitäten bis heute als sehr fruchtbar erwiesen, ohne daß deswegen schon zum jetzigen Zeitpunkt ein endgültiger und totaler Geltungsanspruch für dieses Modell erhoben werden könnte oder die tatsächlich vorhandene größere interne Inhomogenität der jeweiligen Entwicklungsstufen übersehen werden müßte.

5.2 Die Periode der sensomotorischen Intelligenz (ca. 0–2 Jahre)

5.2.1 Wesentliche Merkmale der sensomotorischen Intelligenz

Die erste Periode der kognitiven Entwicklung des Menschen, die von der Geburt bis etwa zur Vollendung des zweiten Lebensjahres angesetzt werden kann, ist zentral gekennzeichnet durch den Sachverhalt, daß das Kind in dieser frühen Phase sich allmählich und stufenweise eine erste kognitive Orientierung, eine kognitive Umwelt durch den *Umgang mit den konkreten Dingen im äußeren realen Anschauungs- und Wirkraum* aufbaut. Dies in qualitativer Unterscheidung zu späteren Phasen, in denen die kognitive Entwicklung sich nicht nur im Umgang mit den Dingen selbst, sondern zu einem ganz wesentlichen Teil durch die Manipulation verinnerlichter Repräsentationen (Vorstellungen, Begriffe, Worte usw.) der realen Dinge und Relationen vollzieht.

Zu beobachten und das Material der kognitiven Entwicklung auf dieser frühesten Stufe sind so (entsprechend der Kennzeichnung »sensomotorische Intelligenz«) im wesentlichen *Wahrnehmungs- und motorische Aktivitäten,* bezogen und zugeordnet den konkret-realen Dingen im äußeren Anschauungs- und Wirkraum.

Ganz *konkret-praktische Handlungsziele,* etwa das Heranholen eines Klotzes oder das Besaugen eines Gegenstandes, stehen im Vordergrund und weniger mehr oder minder abstrakte Erkenntnis als solche.

Schon kurz nach der Geburt entwickeln sich aus angeborenen Reflexen, wie etwa dem Saug- oder dem Greifreflex, die diese erste Periode kennzeichnenden zentralen Erkenntnisorgane, die *sensomotorischen Schemata* (vgl. oben S. 30ff.), und zwar im Vollzug stetig wiederholter Realisierung *(reproduktive Assimilation),* die sich alsbald mit einer stetigen Ausweitung auf immer neue zu assimilierende Gegenstände (immer mehr und neue Gegenstände werden besaugt oder gegriffen) verbindet *(generalisierende Assimilation).* Während das geschieht, lernt das Kind erste Unterschiede zwischen Dingen der Außenwelt erkennen *(rekognitorische oder differenzierende Assimilation).*

D.h., die ursprünglich stark mit jeweiligen Schlüsselreizen gekoppelten Reflexe oder Instinktkoordinationen »liberalisieren« sich, weiten sich aus, werden zu immer mehr generalisierbaren, auf immer mehr und verschiedenere Gegenstände anwendbare *sensomotorische Erkenntnisorgane,* wenn man will »sensomotorische Vorbegriffe« (z.B. Greifbares ≈ feste Körper; Schöpfbares ≈ Flüssigkeiten; vgl. oben S. 34).

Eine neben Reproduktion, Generalisierung und Differenzierung sensomotorischer Schemata zentrale Aktivität des Säuglings und Kleinkindes der sensomotorischen Periode besteht in der zunehmenden Koordination von Sinnes- und motorischen Aktivitäten wie auch verschiedener motorischer Aktivitäten untereinander zu immer umfassenderen und komplexer organisierten Gesamteinheiten *(reziproke Assimilation; s.o. S. 35f.)*.

In der zunehmenden Generalisierbarkeit der sensomotorischen Schemata kann man mit Piaget einen ersten Schritt zur Abhebbarkeit formaler Organisations- und Koordinationsstrukturen von ihren jeweils konkreten Inhalten sehen, einen ersten Schritt zu oder eine erste Vorform der später immer weiter von den jeweils konkreten Inhalten abhebbaren und immer allgemeineren Organisations- und Korrdinations*formen* menschlichen Erkennens, wie wir sie etwa in der entwickelten Logik vor uns haben.

Die große Bedeutung der sensomotorischen Periode liegt nicht zuletzt darin, daß hier, zunächst noch auf der Ebene des konkreten Handelns und der Koordination von Wahrnehmungen und Handlungen, die *Basis* des späteren verinnerlichten und extrem generalisierten Koordinierens oder Vereinigens, Ordnens, Klassifizierens und Beziehungbildens, kurz des reifen *logischen Denkens* gelegt wird. Als Vorformen der späteren Aggregatzustandskategorien »fest« und »flüssig« wären etwa das Greif- und das Schöpfschema anzusehen, als Vorformen der späteren Kategorie der Kausalität das sensomotorische dynamische Schema des In-Bewegung-Setzens oder sonstiger Veränderungen durch Einwirkungen auf Gegenstände in Verbindung mit dem phänomenistischen Schema regelhafter Aufeinanderfolge von Ereignissen. Aus dem noch ganz konkreten »Be*greifen*« der sensomotorischen Periode wird das verinnerlichte erkennende Begreifen der späteren Stufen.

Kognition, Erkenntnis, »intelligentes« Handeln vollzieht sich also in dieser ersten Periode noch ganz vorwiegend im äußeren, konkreten Anschauungsraum. Der Nachteil der noch nicht oder kaum möglichen sprachlichen Exploration des Kindes wird so für den Beobachter des kindlichen Verhaltens durch die später nicht mehr in einem solchen Ausmaß gegebene Möglichkeit aufgewogen, die erste kognitive Aneignung der Umwelt unmittelbar in ihrem konkreten Vollzug und nicht nur, wie später, weitgehend vermittelt (»mitgeteilt«) beobachten zu können.

In zahlreichen Längsschnittbeobachtungen, die er entsprechend der oben beschriebenen klinischen Methode häufig durch einfallsreiche quasi-experimentelle Interventionen hervorgerufen und amplifiziert hat, hat Piaget diese erste Stufe der sensomotorischen Intelligenz eingehend untersucht und die entsprechenden verallgemeinernden Aussagen aus ihnen abgeleitet. Die Population bestand dabei im wesentlichen aus seinen drei eigenen Kindern Jacqueline, Lucienne und Laurent. Es würde den Rahmen dieser kurzen Einführung sprengen, diese umfangreichen Beobachtungen, also das Datenmaterial, das der Theorie der sensomotorischen Periode zugrunde liegt, hier auch nur selektiv auszubreiten. Dem weiter interessierten Leser wird empfohlen, sich selbst einen unmittelbaren Eindruck von der umfangreichen und gründlichen »klinischen« Beobachtungs- und Experimentiertätigkeit Piaget's zu machen, wie sie in seinem Buch »Das Erwachen der Intelligenz beim Kinde«, unter dem französischen Originaltitel »La naissance de l'intelligence chez l'enfant« 1936 erschienen, dargestellt ist – dem Basiswerk, was Ergebnisse und theoretische Schlußfolgerungen für die Periode der sensomotorischen Intelligenz angeht.

5.2.2 Die sechs Unterstadien der sensomotorischen Entwicklungsperiode

Aufgrund der so vor allem an seinen Kindern gemachten Beobachtungen kommt Piaget zu dem im folgenden skizzierten Entwicklungsablauf der Periode der sensomotorischen Intelligenz, die er in weitere sechs Unterstadien gliedert.

Wenn diese Unterstadien im folgenden – und dieser Sachverhalt gilt auch für alle anderen Fälle, in denen Piaget Perioden oder Entwicklungsstufen durch bestimmte kennzeichnende Verhaltensweisen oder Intelligenzleistungen markiert – durch bestimmte Verhaltensweisen oder kognitive Leistungen, die das Kind jeweils erbringt, charakterisiert werden, so sind damit jeweils die höchstentwickelten, höchst*möglichen* Leistungen der jeweiligen Periode oder Stufe angesprochen, ohne daß damit frühere, primitivere Verhaltensweisen in der erreichten Periode verschwunden sein müssen; vielmehr sind solche frühere oder vorangehende Entwicklungsstufen kennzeichnende Verhaltensweisen so gut wie immer auch noch in den jeweils fortgeschritteneren Entwicklungsperioden, teils in höhere, komplexere Verhaltenseinheiten integriert, teilweise aber auch in ursprünglich isolierter Form anzutreffen. Beachtet man diesen für alle Entwicklungsstufen grundlegenden Sachverhalt nicht, kann es leicht zu Fehlinterpretationen auf bestimmten Entwicklungsstufen beobachteten Verhaltens kommen, etwa zu Fehldiagnosen hinsichtlich des tatsächlich erreichten Entwicklungsstandes.

Für die im folgenden angeführten Altersangaben gelten dieselben Einschränkungen, wie sie oben (S. 49) generell für die von Piaget den jeweiligen Stufen zugeordneten Altersangaben gemacht wurden.

5.2.2.1 *Erstes Stadium:* Angeborene Reflexe und Instinktkoordinationen als Bausteine der nachfolgenden kognitiven Entwicklung (ca. 0–1. Monat)

Das erste Unterstadium (ca. 0–1. Monat) ist gekennzeichnet durch die immer wieder erfolgende *noch weitgehend unveränderte Realisierung der angeborenen Reflexe und Instinktkoordinationen.*
Da diese Reflex- und Instinkthandlungen (z. B. Saugen an der Mutterbrust) noch weitgehend unverändert in ihrer angeboren-gebrauchsfähigen Struktur realisiert werden und »intelligente« Veränderungen des Verhaltens in Anpassung an jeweils spezifische Umweltbedingungen allenfalls in sehr begrenzten, andeutungsweisen Vorformen zu beobachten sind (in Gestalt sehr beschränkter Anpassungsleistungen an die spezifisch-individuellen Eigenheiten der jeweiligen Umweltkonstellationen, die dem Reflex zugeordnet sind, z. B. Brustwarze und Umgebung, bzw. leichter adaptiver Modifikationen des instrumentellen Verhaltens, das zur Realisierung der Endhandlung, z. B. des Saugens, führt), sieht Piaget in diesem ersten Stadium eher ein Vorstadium der eigentlichen sensomotorischen Intelligenz, in den postnatalen Reflexen sozusagen die *Bausteine für die spätere kognitive Entwicklung.* So wäre etwa der Saugreflex das Ausgangsmaterial, der »Rohstoff« für die nachfolgende Ausbildung des Saugschemas, der Greifreflex für das Greifschema usw.

5.2.2.2 *Zweites Stadium:* Bildung erster Gewohnheiten. Primäre Zirkulärreaktionen. Erste Koordination sensomotorischer Schemata (ca. 1.–4. Monat)

Mit der beginnenden Veränderung der postnatalen Reflexe, ihrer beginnenden Ausweitung auf immer neue Gegenstände und die dadurch hervorgerufene differenzierend-angepaßte Modifikation des Verhaltens (Akkomodation), mit der Bildung bedingter Reflexe bzw. erster einfacher Gewohnheiten beginnt das zweite Stadium, das etwa den ersten bis vierten Lebensmonat umfaßt.
Durch die Ausweitung des Reflex- und Instinktverhaltens, noch ausschließlich gesteuert durch die entsprechenden Motive (zu saugen, zu greifen, zu hören, zu sehen usw.), kommt der Säugling *zufällig* (und noch nicht wie in späteren Stadien intentional-antizipierend) zu neuen (besser angepaßten) Ergebnissen seines Verhaltens, die er dann, nachdem sie durch Zufall erfahren wurden, durch permanente Wiederholung (reproduktive oder funktionale Assimila-

tion) beizubehalten und zu stabilisieren sucht. Dieses Verhalten, durch Reproduktion zufällig erzielte Verhaltensergebnisse zu konservieren und zu stabilisieren, bezeichnet Piaget in Anlehnung an J. N. Baldwin (Baldwin, 1925) als *primäre Zirkulärreaktionen.* Das hier angesprochene zweite Stadium ist weiterhin gekennzeichnet durch erste *Koordinationen* zwischen verschiedenen Aktivitäten, durch die beginnende, wenn auch noch sehr eingeschränkte reziproke Assimilation einzelner Schemata. Einen besonders wichtigen Schritt für die weitere Entwicklung des kindlichen Erkennens und seiner Objektivierung (vgl. S. 59) stellt etwa die Koordination zwischen Sehen und Greifen dar, die gegen Ende dieses zweiten Stadiums erreicht wird. Das Kind wird nun fähig, Gegenstände, die es sieht, auch zu greifen, allerdings noch mit der Einschränkung, daß Hand und zu greifender Gegenstand simultan wahrgenommen werden, sich in einem gemeinsam-gleichzeitigen Wahrnehmungsfeld befinden müssen; eine Einschränkung, die im allgemeinen erst im nächstfolgenden Stadium überwunden wird.

5.2.2.3 *Drittes Stadium:* Sekundäre Zirkulärreaktionen.
Verstärkte Hinwendung zur Außenwelt. Vorstufen intentionalen Verhaltens (ca. 4–8 Monate)

In diesem folgenden dritten Stadium (etwa 4–8 Monate) beginnt das Kind *visuell zu erfassen,* was immer es mehr oder weniger *zufällig zu greifen* bekommt, und es versucht zu *ergreifen, was es sieht, ohne* daß, wie zuvor, Hand und zu greifendes Objekt simultan in seinem Wahrnehmungsfeld liegen müssen.
Diese neu erworbene Fähigkeit steht in Zusammenhang mit einer nun vermehrt auftretenden weiterentwickelteren Form der Zirkulärreaktion, den *sekundären Zirkulärreaktionen,* die dieses dritte Stadium zentral kennzeichnen. Gemeinsam mit den primären Zirkulärreaktionen ist den sekundären Zirkulärreaktionen der Sachverhalt, daß beide Wiederholungen zufällig eingetretener, d. h. vom Kind nicht antizipierter oder intendierter Verhaltensergebnisse darstellen (reproduktive oder funktionale Assimilation). Der Unterschied zwischen beiden Zirkulärreaktionstypen liegt darin, daß sich die primären Zirkulärreaktionen im wesentlichen auf den eigenen Körper, die eigenen körperlichen Aktivitäten (Saugen, Greifen per se usw.) richten, während sich die sekundären Zirkulärreaktionen zunehmend auf die Umwelt außerhalb des eigenen Körpers ausweiten, auf die Effekte gerichtet sind, die die Aktivitäten des Kindes an Gegenständen außerhalb des eigenen Körpers hervorrufen (z. B. das Geräusch einer Rassel, oder das Hin- und Herschwin-

gen eines aufgehängten Ringes, wie sie durch die jeweiligen Aktivitäten des Kindes hervorgerufen werden).

Piaget sieht in den mit dem Auftreten der sekundären Zirkulärreaktionen gegebenen verstärkten Zuwendung zu den Dingen außerhalb des eigenen Körpers den Beginn einer sich im folgenden stetig intensivierenden *Exploration der Außenwelt* ebenso wie die Realisierung erster sensomotorischer Vorformen von Objektklassen (»Schwingbares«, »Durch-Schütteln-Hörbares«) und quantitativer Relationen (je intensiver die entsprechende Bewegung, um so stärker der Effekt) (Piaget 1975, S. 189 ff).

Da das Verhalten des Kindes nunmehr verstärkt auch von der Umwelt außerhalb seines eigenen Körpers beeinflußt wird, kommt es nun zu einem weiteren, den sekundären Zirkulärreaktionen im engeren und ursprünglichen Sinne analogen Verhaltenstyp; nämlich dann, wenn neue Erfahrungen, die für das Kind attraktiv sind, nicht durch die eigene Aktivität, sondern durch äußere Ursachen und vom Kind unintendiert-unantizipiert ausgelöst werden. Es versucht, die neue Erfahrung an ihm bereits zur Verfügung stehende sensomotorische Schemata zu assimilieren (generalisierende Assimilation), d. h. durch ihm adaptiv-effektiv erscheinende Aktivitäten (z. B. stoßen, schlagen) das ursprünglich nicht von ihm ausgelöste interessante Ereignis andauern bzw. wieder eintreten zu lassen:

»Bb. 112b . . . mit 0;7 (7) schlägt er (Laurent) auf seine Decken ein und schaut dabei eine Blechschachtel an, auf die ich eben getrommelt habe . . .« (Piaget a. a. O., S. 208).

»Bb. 114 . . . am folgenden Tag mit 0;7 (30) klatsche ich vor Jaqueline in die Hände. Als ich aufhöre, streicht sie ihre Hand am Weidengeflecht der Wand entlang und blickt meine Hände an. Als ich wieder anfange, hört sie auf, wie wenn sie jetzt ihr Ziel erreicht hätte. Wenn ich aufhöre, beginnt sie von neuem . . .« (Piaget a. a. O., S. 209).

Mit der Zuwendung zur Objektwelt außerhalb des eigenen Körpers beginnt mit ersten noch eingeschränkten Vorformen das, was Piaget *Intentionalität des Verhaltens* nennt. Intentionalität zeigt ein Verhalten um so mehr, je mehr es sich auf Objekte der Außenwelt richtet und je deutlicher sich instrumentelle Verhaltensweisen (Mittel), die im Dienste eines Endziels stehen, vom eigentlichen Ziel- oder Endverhalten unterscheiden lassen. Intentionalität stellt für Piaget eines der Hauptkriterien »intelligenten« Verhaltens im engeren Sinne dar: die stetige Zunahme des intentionalen Charakters des Verhaltens ist eine der kennzeichnendsten Eigenschaften der Entwicklung der sensomotorischen Intelligenz.

Eine erste Vorform von Intentionalität oder »intelligentem« Verhalten sieht Piaget in den sekundären Zirkulärreaktionen und den »Vorgehensweisen, die dazu dienen, interessante Ereignisse andauern zu lassen«, insofern, als sie zum einen auf Objekte der Außenwelt gerichtet und zum anderen eine erste Vorform der Mittel-Zweck-Gliederung (Vorgehensweisen, die *dazu dienen...*) darstellen. Vorformen und noch keine explizite Intentionalität stellen sie dar, weil die interessanten Ereignisse erst im Nachhinein, nach ihrer zufälligen Entdeckung zum Ziel werden, das Ziel noch nicht von vorneherein antizipiert und dann nach den Mitteln zu seiner Erreichung gesucht wird, und weil hier keine eigentlich neue Anpassungsleistung vorliegt, sondern das ganze Verhalten primär wiederholungsorientiert ist (Piaget a.a.O., S. 186ff).

5.2.2.4 *Viertes Stadium:* Intentionales Verhalten (ca. 8–12 Monate)

Dies ändert sich nun kontinuierlich mit dem vierten Stadium (ca. 8–12 Monate). *Mittel-, instrumentelle Handlungen und Zielhandlung treten nun deutlich auseinander,* die *Setzung von Zielen kann nun unabhängig* und *vor* der Realisierung der Mittelhandlung geschehen, so daß nun von eindeutig *intentionalem Verhalten* gesprochen werden kann.

Dieser Charakter des Intentionalen wird möglich, weil das Kind nun in der Lage ist, die in früheren Stadien schon vertraut gewordenen, aber dort noch jeweils weitgehend isoliert auftretenden Schemata zu *Gesamtverhaltenskomplexen* zu koordinieren, etwa durch Unterordnung eines Schemas als Mittel- unter ein anderes Schema als Zielhandlung.

Ein erster Haupttyp solcher Koordination einzelner Schemata stellt das *Beseitigen von Hindernissen,* um eine Zielhandlung realisieren zu können, dar.

»Bei Laurent hat sich ein solches Verhalten, dessen Ausbildung wir ganz genau verfolgt haben, erst mit 0;7 (13) angezeigt. Wir möchten diese Koordination zwischen zwei deutlich differenzierten Handlungen, von denen die eine als Mittel dient (ein Hindernis beiseite schieben) und die andere als Zielhandlung (den Gegenstand ergreifen), als den Beginn des vierten Stadiums betrachten.

Bis 0;7 (13) gelang es Laurent nie, ein Hindernis beiseite zu schieben. Er hat nur immer versucht, darüber hinwegzukommen oder, wenn ihm das nicht gelang, die magisch-phänomenistischen ›Vorgehensweisen‹ anzuwenden, ... Mit 0;6 (0) biete ich Laurent beispielsweise eine Zündholzschachtel an, wobei ich seinen Greifakt mit meiner quergestellten Hand behindere. Laurent versucht, über meine Hand hinwegzukommen oder an ihr vorbei zu gelangen, aber er versucht nicht, sie beiseite zu schieben. Als ich ihm jedes Mal den Weg versperre, begnügt er sich schließlich damit, die Schachtel mit seinen Augen zu fixieren, erst seine Hand, dann sich selber zu schütteln, den Kopf seitlich fallen zu lassen usw. Mit einem Wort, er ersetzt die vereitelte Greifhandlung durch magisch-phänomenistische ›Vorgehensweisen‹.

... Mit 0;7 (17) ... biete ich ihm zuerst den Gegenstand (meine Uhr) 10 cm hinter dem Kissen dar (so aber, daß der Gegenstand selbstverständlich sichtbar bleibt). Laurent versucht zuerst die Uhr direkt zu ergreifen, dann unterbricht er sich, um auf das Kissen einzuschlagen. Ebenso verhält er sich gegenüber meiner Hand: er schlägt sofort auf das Hindernis ein. Es leuchtet unmittelbar ein, daß diese Handlung, das Hindernis durch Schläge zu beseitigen, eine neue Verhaltensweise darstellt im Vergleich mit den Verhaltensweisen von 0;6 (0) – 0;7 (12).

Bevor er versucht, das Ziel zu erreichen (den Gegenstand zu ergreifen), unterbricht Laurent künftig seine Handlung und beginnt in direkter Weise, auf das Hindernis einzuwirken (es zu schlagen, um es zu beseitigen). Dieses Vorgehen hebt sich ganz deutlich vom Zielschema ab und bleibt ihm trotzdem untergeordnet.

Die verbindende Handlung, die als Mittel dient (das Hindernis beiseite zu schieben), wird zudem ganz einfach einem bestehenden Verhaltensschema entliehen: hier dem Schema des Schlagens. Man erinnere sich daran, daß Laurent schon mit 0;4 (7) und vor allem mit 0;4 (19) die Gewohnheit ausgebildet hat, auf die aufgehängten Gegenstände einzuschlagen, um sie zum Schwanken zu bringen, und daß er schließlich schon mit 0;5 (2) begann, auf alle Gegenstände einzuschlagen. Dieses sehr vertraute Verhaltensschema benutzt Laurent jetzt meistens, aber nicht mehr um seiner selbst willen als Zielschema, sondern als ein Mittel- oder Übergangsschema, das er einem anderen Schema unterordnet ...

Nach 0;7 (29) hat sich das Mittelschema ›Hindernis beiseite schieben‹ bei Laurent ein wenig differenziert. Statt bloß auf die zwischen seiner Hand und dem Zielgegenstand geschobenen Gegenstände einzuschlagen, begann er sie zurückzustoßen oder sie ganz einfach beiseite zu schieben« (Piaget a.a.O., S. 222, 223, 224).

Bei einem zweiten Haupttyp geht es nicht um die Beseitigung von Hindernissen, um Zielobjekte zu erreichen, sondern um die *Benützung von Mittelobjekten* (z. B. Stöcke, Schnüre u. a.) *als Verbindungsglieder, um die jeweiligen Zielobjekte zu erlangen.*

Es zeigt sich in diesem vierten Stadium eine leichte Zunahme der *Mobilität* wie auch der *Generalisierbarkeit* der Schemata, insofern sie sich jetzt schon im beschränkten Ausmaß von ihrem ursprüngli-

chen Kontext lösen und sich in verschiedenartigen gegenseitigen Kombinationen zu neuen adaptiven Gesamthandlungen verbinden können.
Die im Verlauf der sensomotorischen Intelligenzentwicklung stetig zunehmende *Objektivierung* des frühkindlichen Universums äußert sich in einer ersten Konstituierung »objektiver« *räumlicher* und *zeitlicher Relationen* – das Hindernis befindet sich *vor* dem Zielobjekt, das Hindernis muß beseitigt werden, *bevor* das Zielobjekt erreicht werden kann – ebenso wie in der Konstituierung von »objektiven« Beziehungen zwischen (vom Ich-Subjekt unabhängigen) Objekten, etwa zwischen Hindernis- und Zielobjekt oder Verbindungs- und Zielobjekt. »Je komplexer die Handlung wird, durch Koordination von Verhaltensschemata, desto mehr objektiviert sich das Universum und löst sich vom Ich ab« (Piaget a.a.O. S. 217).

5.2.2.5 *Fünftes Stadium:* Tertiäre Zirkulärreaktionen. Experimentelles Vorgehen. Suche und Entdeckung neuer Mittel-Schemata (ca. 12–18 Monate)

Werden im vierten Stadium schon bekannte Mittel-Schemata in allenfalls neuer Kombination zur Bewältigung neuer Situationen herangezogen, so ist das folgende fünfte Stadium (ca. 12–18 Monate) unter anderem durch die aktive Suche und Entdeckung auch *neuer Mittel-Schemata* selbst und nicht nur jeweils neuer Kombinationen bereits bekannter Mittel-Schemata gekennzeichnet (Piaget a.a.O., S. 267).

Dieses Suchen wird ermöglicht und gefördert durch eine sich nun stets verstärkende »*experimentelle*« Einstellung des Kindes, durch ein *aktives Suchen nach Neuem,* nach Differenzierung der Schemata, nach *Akkommodation,* die immer weniger nur von der Umwelt erzwungen, sondern als eigenständiges Ziel und quasi Selbstzweck um ihrer selbst willen vom Kind aktiv angestrebt wird.

Diese veränderte Einstellung zeigt sich auch im wichtigsten Unterschied der *tertiären Zirkulärreaktion,* die das fünfte Stadium wesentlich kennzeichnet, von der sekundären Zirkulärreaktion: die Wiederholung der aktiv angestrebten neuen Erfahrung geschieht nicht mehr gleichförmig stereotyp, sondern mit *experimentellen Variationen,* »um zu sehen«.

Wie die tertiäre Zirkulärreaktion sich kontinuierlich aus der sekundären zu Beginn des fünften Stadiums entwickelt, läßt sich an folgender Beobachtung Piaget's an seinem Sohn Laurent nachvollziehen:

»Ein erstes Beispiel wird uns den Übergang von den sekundären

Zirkulärreaktionen zu den ›tertiären‹ Reaktionen verständlich machen . . .

Man erinnere sich daran, wie Laurent mit 0;10 (2) beim »Explorieren« einer Seifenschale die Möglichkeit entdeckt hat, diesen Gegenstand loszulassen und ihn dann fallen zu lassen. Dabei hat ihn anfänglich nicht das objektive Phänomen des Falles, d. h. die Bahn des Gegenstandes, interessiert, sondern vielmehr die Handlung des Loslassens selbst. Er beschränkte sich zu Beginn ganz einfach darauf, das zufällig erfahrene Resultat zu reproduzieren. Wir haben also darin noch immer eine ›sekundäre‹ Reaktion vor uns, die allerdings ›abgeleiteter‹ Art, aber von typischer Struktur ist.

Mit 0;10 (10) ändert sich dagegen die Reaktion und wird ›tertiär‹. An diesem Tage manipuliert Laurent nämlich ein Stück weiches Brot (es ist kein Hungerbedürfnis mit im Spiel, er hat noch nie davon gegessen und denkt gar nicht daran, es zu versuchen). Er läßt es unaufhörlich fallen. Er geht sogar dazu über, einzelne Stücke davon loszulösen und sie nacheinander fallen zu lassen. Im Gegensatz zu den vorangegangenen Tagen gewährt er aber der Handlung des Loslassens selbst gar keine Aufmerksamkeit mehr, verfolgt jedoch mit den Augen sehr interessiert den fallenden Gegenstand. Insbesondere betrachtet er ihn ganz lange, wenn er gefallen ist, und liest ihn wieder auf, wenn er kann.

Mit 0;10 (11) liegt Laurent auf dem Rücken, nimmt aber nichtsdestoweniger seine Versuche vom Vortag wieder auf. Er ergreift nacheinander einen Schwan aus Zelluloid, eine Schachtel usw., streckt den Arm aus und läßt sie fallen. Dabei variiert er ganz deutlich die Fallstellung. Bald streckt er den Arm senkrecht hoch, bald hält er ihn schräg nach vorne oder nach hinten (relativ zu den Augen) usw. Wenn der Gegenstand auf einen neuen Platz fällt (z. B. auf das Kopfkissen), läßt er ihn zweimal oder dreimal hintereinander auf diesen Ort fallen, wie um diese spezielle Relation genau zu studieren; dann verändert er die Situation . . .« (Piaget a.a.O., S. 272).

Man sieht hier deutlich das sich verstärkende Interesse zu sehen, wie sich die experimentelle Variation, hier z. B. hinsichtlich des Fallenlassens eines Gegenstandes, auswirkt.

Aufgrund dieser experimentellen Variation »um zu sehen«, dieses aktiven Ausprobierens kommt es zur *Entdeckung neuer Mittel*, um Ziele zu erreichen. Diese Erfindung neuer Mittel vollzieht sich klassischerweise in einem *Dreierschritt* (Piaget a.a.O., S. 324). Gibt es Hindernisse bei der Erreichung eines Ziels (s.o. S. 57f.), bei der Bewältigung einer neuen Situation, so versucht das Kind zunächst, bekannte Mittel auf die neue Situation anzuwenden. Führt dieses

Vorgehen nicht zum Erfolg, so versucht es jetzt die bekannten Mittel zu variieren, teils durch Rückgriff auf schon zuvor gemachte Erfahrungen bei seinen Experimenten »um zu sehen«, teils erstmalig in der aktuellen Situation. Diese Variation kann schließlich in einem dritten Schritt zur Umwandlung des alten Schemas zu einem neuen Schema führen, etwa der Umwandlung des ursprünglichen Schemas »Schlagen« in das neue Schema »Mit-dem-Stock-bewegen« bzw. der instrumentellen Verwendung des Stockes, wie es das folgende Beispiel veranschaulicht:

»Mit 1;2 (7) macht Lucienne dagegen zufällig eine bemerkenswerte Entdeckung. Sie vergnügt sich damit, auf einen kleinen Eimer mit einem Stab einzuschlagen (ohne dabei ein besonderes Ziel zu verfolgen). Schließlich fällt ihr auf, daß der Eimer sich bei jedem Schlag bewegt, und sie versucht nun, ihn durch ihr Schlagen zu verschieben. Sie schlägt mehr oder weniger schräg, um die Bewegung des Eimers zu verstärken, und wiederholt dies oftmals hintereinander. Als ich den Eimer weiter wegschiebe, benützt sie diese Entdeckung aber weder dazu, ihn zu sich heranzubringen, noch dazu, seinen tanzenden Bewegungen eine bestimmte Richtung zu geben.

Mit 1;4 (0) sitzt Lucienne vor einem Sofa, auf dem sich eine kleine kürbisförmige Aluminiumflasche befindet. Neben ihr liegt derselbe Stock, mit dem sie sich während der letzten Wochen amüsiert hat, indem sie damit auf Gegenstände und auf den Fußboden einschlug. Seit 1;2 (7) hat sie damit aber keine Fortschritte gemacht. Zuerst bemüht sie sich, die Flasche direkt mit der rechten Hand zu erreichen. Da ihr das nicht gelingt, greift sie nach dem Stock. Diese Handlung stellt eine wichtige Neuheit dar: der Stock wird nicht nur benützt, wenn er sich schon zufällig in ihren Händen befindet, er wird mit Absicht gesucht. Mehr noch, nachdem Lucienne ihn in der Mitte erwischt hat und nach dem ersten Versuch feststellt, daß er nicht lang genug ist, wechselt sie ihn in die linke Hand über, nimmt ihn dann wieder in die rechte, aber dieses Mal an seinem Ende. Der weitere Fortgang der Beobachtung zeigt jedoch, daß der Stab noch nicht mit dem Zweck ergriffen worden ist, die Flasche gezielt zu stoßen. Lucienne schlägt nämlich damit nur auf den Gegenstand ein, ohne daß man annehmen dürfte, sie würde sein Fallen voraussehen. Die Flasche fällt aber tatsächlich herunter, und Lucienne hebt sie auf. Es ist offensichtlich, daß das Verlangen nach der Flasche das Handlungsschema »Mit-dem-Stock-schlagen« aktualisiert hat, aber man kann in diesem Verhalten noch nicht ein Vorgehen erblicken, das der Situation in allen Einzelheiten angepaßt gewesen wäre.

Einen Augenblick später lege ich die Flasche 50 cm von Lucienne entfernt auf den Boden. Sie streckt sich zu Beginn wieder direkt nach dem Gegenstand aus, dann nimmt sie aber den Stock zur Hand und schlägt auf die Flasche ein, die sich daraufhin ein wenig bewegt. Nun beginnt Lucienne mit großer Aufmerksamkeit, das Zielobjekt mit dem Stock von links nach rechts zu stoßen, wodurch es sich nähert. Nach einem neuen Versuch, die Flasche direkt zu ergreifen, packt Lucienne wieder den Stock und stößt diesmal von rechts nach links, wobei sie den Gegenstand immer näher zu sich herbringt. Entzückt ergreift sie schließlich Besitz von ihm und hat in allen folgenden Versuchen Erfolg« (a.a.O., S. 300, 301).

Das 5. Stadium ist gekennzeichnet durch die Entwicklung und Verfestigung der Verhaltensweisen des *»intelligenten« Instrumentengebrauchs*, neben dem angeführten Beispiel des Stockgebrauchs etwa des instrumentellen Gebrauchs der Schnur, wie sie Karl Bühler eingehend an Kindern dieser Altersstufe untersucht und dargestellt hat (und aufgrund seiner Ergebnisse und der Parallelität mit entsprechenden instrumentellen Intelligenzleistungen von Schimpansen diese Altersstufe mit »Schimpansenalter« bezeichnet hat; wobei die höchsten Leistungen von Schimpansen über die Leistungen des Homo sapiens auf dieser Altersstufe hinausgehen und auch Leistungen des folgenden Stadiums einschließen).

Immer handelt es sich bei den genannten Verhaltensweisen im Prinzip um die Erreichung eines Ziels mittels (durch Versuch und Irrtum) neu entdeckter instrumenteller Mittel-Schemata oder Mittel-Handlungen, die den jeweiligen Zielhandlungen untergeordnet werden. *Mittel- und Zielhandlungen* haben sich nunmehr *weiter* voneinander *differenziert*, und der Charakter der Intentionalität und damit der »Intelligenz« des kindlichen Handelns hat sich weiter ausgeprägt.

Der Tatbestand, daß Akkommodation nunmehr nicht mehr nur von der Umwelt erzwungen auftritt, sondern aktiv auch um ihrer selbst willen angestrebt wird, impliziert eine weitere ausgeprägtere Differenzierung zwischen Assimilations- und Akkommodationsprozessen.

5.2.2.6 *Sechstes Stadium:* Übergangsstadium: Beginnende Interiorisation und Entwicklung der Symbolfunktion (ca. 18–24 Monate)

Das sechste Stadium (ca. 18–24 Monate) bildet schon den *Übergang* zur folgenden großen Entwicklungsperiode, *zum voroperationalen Denken* und speziell *zur Entwicklung der Symbolfunktion.*

Neben und ergänzend zu dem sensomotorischen Agieren an den

Dingen im äußeren Wahrnehmungs- und Handlungsraum tritt nun zunehmend die Fähigkeit, Handlungsschemata *innerlich*, vorstellungsmäßig, »geistig« auszuführen und gegenseitig zu kombinieren, innerlich *vor* der jeweiligen Handlung anstatt erst in ihrem äußeren Verlauf zu experimentieren (s. fünftes Stadium). An die Stelle oder zusätzlich zu der Manipulation mit den Dingen selbst im äußeren Wahrnehmungs- und Handlungsraum tritt immer stärker die Manipulation mit den *verinnerlichten Repräsentationen* äußerer Gegebenheiten, an die Stelle der Entdeckung neuer Mittel im Vollzug äußerlich-sensomotorischer Handlungen ihre dem äußeren Agieren vorangehende *Erfindung* durch innerliche, »geistige« Kombination.

Der hier sich vollziehende Übergang von der Angewiesenheit auf die real im äußeren Wahrnehmungs- und Handlungsraum anwesenden Dinge zu der *willkürlichen Abrufbarkeit innerer Repräsentationen* stellt sicher phylo- wie ontogenetisch einen Entwicklungsfortschritt von kaum zu überschätzendem Gewicht und Überlebenswert dar: die *größere Unabhängigkeit* und Ungebundenheit gegenüber den äußeren, nur sehr beschränkt vom Subjekt bestimmbaren Gegebenheiten ermöglicht eine wesentlich gezieltere, schnellere, flexiblere, »intelligentere« Anpassung an neue Situationen.

Obwohl wir hier einen fast klassisch zu nennenden »qualitativen Sprung« zu einer neuen Qualität, der repräsentationalen Innerlichkeit, vor uns haben, vollzieht sich auch diese Entwicklung weitgehend kontinuierlich, und genau dieser kontinuierliche Übergang stellt das Kerngeschehen des sechsten Stadiums dar. Eine Beobachtung Piaget's an seiner Tochter Lucienne kann diesen kontinuierlichen Übergang veranschaulichen:

». . . Jetzt beginnt der Versuch, den wir besonders hervorheben wollen. Ich lege die Kette wieder in die (Zündholz-)Schachtel zurück und verkleinere den Spalt auf 3 mm. Wir müssen hinzufügen, daß Lucienne selbstverständlich den Vorgang des Schließens und Öffnens von Zündholzschachteln nicht kennt und daß sie nicht gesehen hat, wie ich den Versuch vorbereitet habe. Sie verfügt nur über die beiden eben genannten Verhaltensschemata ›die Schachtel umkippen, um ihren Inhalt auszuleeren‹ und ›den Finger in den Spalt hineinstecken, um die Kette herauszuholen‹. Natürlich probiert sie zuerst die letztgenannte Vorgehensweise: Sie steckt ihren Finger hinein und müht sich ab, die Kette zu erreichen, hat aber keinen Erfolg. Es folgt eine Unterbrechung, währenddessen Lucienne eine seltsame Reaktion zeigt. Diese Reaktion ist geeignet, uns davon zu überzeugen, daß sie versucht, die Situation zu denken, die auszuführenden Handlungen im Geiste zu kombinieren und sich die Lösung vorzustellen. Gleichzeitig weist das Verhalten auf die Bedeutung hin, die die Nachahmung im Entstehen von Vorstellungen spielt. Lucienne ahmt in gewisser Weise die Vergrößerung des Spaltes nach. Sie tut das folgendermaßen: Sie betrachtet aufmerksam den Spalt, dann öffnet und schließt sie den Mund mehrmals hintereinander, zuerst nur ganz wenig, dann immer mehr und mehr ... Sofort nach dieser plastischen Reflektionsphase steckt Lucienne ohne Zögern ihren Finger in den Spalt und zieht, statt wie bisher nach der Kette zu angeln, an der Schachtel, um die Öffnung zu vergrößern. Sie hat Erfolg und kann die Kette in Besitz nehmen.«

Piaget kommentiert diese Beobachtung insofern als Übergangsphänomen, als an Stelle innerer visueller Bilder oder Worte als Bedeutungsträger oder Symbol eine einfache motorische Handlung tritt: »Offensichtlich versteht Lucienne, daß unterhalb des Spaltes eine Höhlung besteht, und sie wünscht, diese Höhlung zu erweitern. Ihre Anstrengung, sich das vorzustellen, äußert sich in dieser plastischen Weise. Da sie die Situation nicht in Worten oder visuellen Bildern denken kann, benützt sie als ›Bedeutungsträger‹ oder Symbol eine einfache motorische Handlung. Die motorische Reaktion, die sich quasi von selbst zur Übernahme dieser Rolle anbietet, ist die Nachahmung, d. h. die aus Handlungen bestehende Vorstellung. Diese Nachahmung gestattet noch vor dem ersten Auftreten von geistigen Bildern, das wahrgenommene Schauspiel nicht nur aufzugliedern, sondern es auch nach Belieben in Erinnerung zu rufen und zu reproduzieren. Mit dem Öffnen und Schließen des eigenen Mundes denkt Lucienne, wenn man will, ihren Wunsch, die Öffnung der Schachtel zu vergrößern: dieses ihr vertraute Nachahmungsschema stellt also für sie das Mittel dar, die Situation zu denken« (Piaget a.a.O., S. 338, 340).

Die *Symbolfunktion*, die die kommende Entwicklungsperiode zentral kennzeichnet und die die Fähigkeit bedeutet, Bezeichnendes und Bezeichnetes, Signifikans und Signifikandum zu unterscheiden und das eine durch das andere darzustellen und aufeinander zu beziehen, ist hier noch in sensomotorischer Vorform angedeutet, indem das Kind nicht mit der Schachtel selbst, wie es dem klassischen sensomotorischen Intelligenzverhalten entspräche, agiert, sondern an einem »symbolischen Ersatzmittel« (a.a.O., S. 345), nämlich seinem Mund, den es öffnet und schließt. Anderseits schlägt die sensomotorische Vergangenheit (die immer auch Gegenwart ist) soweit durch, als das Manipulieren und Probieren sich zwar nicht am Gegenstand selbst, aber doch noch als äußerlich wahrnehmbare

motorische Handlung und noch nicht vollständig im inneren Vorstellungsraum vollzieht, vielmehr noch im Medium der äußerlichen Nachahmung als einer »aus Handlungen bestehenden Vorstellung« (a.a.O., S. 339).
Damit ist die zentrale Rolle der *Nachahmung* als Vehikel des Übergangs und der Vermittlung zwischen sensomotorischer Intelligenz und symbolisch-voroperationalem Denken angesprochen. Die Nachahmung stellt die erste Vorform der späteren verinnerlichten, symbolischen Repräsentationen dar, noch äußerlich-motorisch und sinnlich wahrnehmbar (sensomotorisch) dar- oder »vorgestellt«, als sinnlich wahrnehmbare nachahmende Darstellung einer Handlung oder eines Ereignisses, als zunehmend *aufschiebbare* Nachahmung immer mehr auch unabhängig von der realen Präsens des Dargestellten reproduzierbar.* Damit ist aber schon der Übergang zur Periode des symbolisch-voroperationalen Denkens vollzogen; denn die aufgeschobene Nachahmung in Abwesenheit des nachgeahmten Modells setzt die Existenz innerer, symbolischer Repräsentationen oder Bilder voraus.

5.3 Die Periode des voroperationalen Denkens (ca. 2−7 Jahre)

5.3.1 Entwicklung der Symbolfunktion, des sprachlichen, vorbegrifflichen und transduktiven Denkens (ca. 2−4 Jahre)

5.3.1.1 Entwicklung der Symbolfunktion

Die hier angesprochene Entwicklungsphase ist zunächst gekennzeichnet durch die weitere Ausbildung und zunehmende funktionale Verfestigung der im sechsten (Übergangs-)Stadium der sensomotorischen Intelligenz aufgetretenen qualitativen Neuerwerbungen (vgl. oben S. 62 ff.), nämlich der zunehmenden Fähigkeit, nicht nur mit den Dingen selbst, sondern mit ihren verinnerlichten, zunehmend willkürlich abrufbaren Repräsentationen zu agieren, und der diesem neuen Vermögen entsprechenden *Symbolfunktion* als der Fähigkeit, *Bezeichnendes* (Bild, Symbol, Zeichen) *von Bezeichnetem* (reale Objekte oder Relationen) *gleichzeitig zu unterscheiden und aufeinander beziehen zu können*.

---

* In der Auffassung der Nachahmung, einer Handlung, als Vorläufer der späteren inneren Bilder manifestiert sich wieder die Auffassung Piaget's von der Vorstellung und den inneren Bildern als wesentlich aktiv-konstruktiven Prozessen, als *Vorstellen* und *Bilden*.

Es wurde oben (vgl. S. 65) schon versucht, aufzuzeigen, welche zentrale Rolle die Nachahmung und mit zunehmender Entwicklung die aufgeschobene Nachahmung als Vehikel, als genetische Brücke dieser Verinnerlichung, bildhaften Verdoppelung bzw. symbolischen Darstellung spielt: der Weg von der noch weitgehend sensomotorischen Darstellung durch Nachahmung in Anwesenheit des nachzuahmenden Ereignisses über die zunehmend zeitlich verzögerte Nachahmung führt zu einer immer größeren Distanziertheit und Unabhängigkeit von dem ursprünglich nachzuahmenden Ereignis.

Die funktionale Vervollkommnung dieses fundamentalen Prozesses kognitiver Entwicklung vollzieht sich neben den immer häufiger auftretenden primär akkomodatorischen *Nachahmungsspielen* auch in einer alternativen Weise kindlichen Spielens, den *Symbolspielen*, bei denen das Gleichgewicht zwischen Akkomodation und Assimilation im Gegensatz zum Nachahmungsspiel einseitig zugunsten der Assimilation verschoben ist: ein Holzstück, das als Lokomotive verwendet wird oder das ein Auto darstellt, impliziert ein starkes Ausmaß an Angleichung an das entsprechende, notwendig schon verinnerlichte Schema des Kindes, d. h. an Assimilation (vgl. oben S. 29).

Piaget unterscheidet *drei Grundformen von Repräsentationen:*
(1) *Bilder oder Symbole,* bei denen eine *Ähnlichkeitsbeziehung* zwischen Bezeichnendem und Bezeichnetem, zwischen Repräsentation und Realobjekt oder -ereignis besteht.
»Halten wir noch fest, und das ist von grundlegender Bedeutung, daß in Übereinstimmung mit der Terminologie der Linguisten der Terminus ›Symbol‹ den ›motivierten‹ (sinnhaltigen) Zeichen vorbehalten bleibt, d. h. solchen Zeichen, die eine Ähnlichkeit mit dem Bezeichneten aufweisen« (Piaget 1975, S. 90).
(2) *Zeichen,* bei denen die Beziehung zwischen Bezeichnendem und Bezeichnetem *arbiträr-konventionell* und *sozial* festgelegt ist.
(3) *Begriffe* oder geistige *abstrakte Schemata.*

5.3.1.2 Entwicklung und Funktion der Sprache

Das bedeutsamste System der unter 2. genannten arbiträr-konventionell und sozial festgelegten Zeichen bildet die *Sprache.*
Sprache stellt jedoch für Piaget keineswegs die genetisch primäre Quelle des symbolisch-repräsentativen Denkens dar, sie setzt im Gegenteil die vorangehende Ausbildung der allgemeineren, umfas-

senderen, auch die Sprache als eine der wichtigsten Ausprägungen einschließenden Symbolfunktion voraus.

»Die gesprochene Sprache des Menschen ist nur die hauptsächliche, nicht aber die einzige Manifestation einer sehr allgemeinen Symbolfunktion« zitiert Piaget Guillaume (Piaget, 1975 b, S. 92); ebenso wie er die primären Wurzeln des Denkens nicht in der Sprache, sondern im Vollzug und in der Struktur des vorsprachlich-sensomotorischen Agierens mit den Dingen selbst und eben noch nicht mit ihren (auch sprachlichen) Repräsentationen sieht.

Unbeschadet jedoch des von Piaget vertretenen genetischen Primats des vorsprachlichen, sensomotorischen Handelns und der primären Bedeutung der sich vor allem über die Nachahmung entwickelnden generellen Symbolfunktion für die Entwicklung des Denkens verneint Piaget keineswegs die überragende Bedeutung der Sprache als *des* soziokulturellen Motors der kindlichen Entwicklung: Ist die Symbolfunktion als generellere Voraussetzung auch des Umgangs mit sprachlichen Zeichen erst einmal verfügbar, so entwickelt sich zunehmend eine intensive Wechselwirkung, ein *genetischer Zirkel zwischen Sprache und Denken.* Je höher, komplexer und sozialgeprägter das Denken sich entfaltet, in um so zahlreicheren Bereichen wird Sprache schließlich zu einer notwendigen, wenn auch so gut wie nie hinreichenden Bedingung einer adäquaten kognitiven Entwicklung.

Sprache fördert in kaum zu unterschätzendem Ausmaß die Raffung und *symbolische Verdichtung des Denkens,* damit die Möglichkeit *simultaner* Repräsentation immer komplexerer Sachverhalte über immer ausgedehntere zeitliche und räumliche Distanzen und Horizonte. Unabhängigkeit von äußeren »sensomotorischen« Gegebenheiten wird damit ebenso gefördert wie zunehmende *Generalisations-* bzw. *Abstraktionsprozesse.*

Dies alles fördert Sprache in enger Verflechtung mit der durch sie bewirkten zunehmenden *sozialen Regulierung des Denkens,* durch stetig intensivierten sozialen Austausch eben über das Medium der Sprache.

5.3.1.3 Unterschiede und Äquivalenzen des voroperationalen Denkens im Verhältnis zum sensomotorischen Erkennen

Die Sprache, als spezifische Ausprägung der Symbolfunktion entwickelt, fördert so in kaum zu unterschätzendem Ausmaß die Ausbildung gerade der Kerneigenschaften des kindlichen symbolisch-voroperationalen Denkens, durch die es sich zentral von der entwicklungsmäßig vorangehenden Stufe des sensomotorischen Erkennens unterscheidet:

(1) Das symbolisch-voroperationale Erkennen ist aufgrund seiner Fähigkeit, nicht nur mit den Dingen selbst im realen Außenraum, sondern nun auch mit den verinnerlichten Repräsentationen (Vorstellungen, Symbole, Zeichen) zu agieren, zur simultanen Zusammenschau nach räumlicher wie zeitlicher Erstreckung wie Komplexität zunehmend umfassenderer Sachverhalte in der Lage. Dies hängt u. a. nicht nur mit der zunehmend erhöhten Geschwindigkeit verinnerlichter kognitiver Prozesse, sondern auch mit der zunehmenden willkürlichen Abrufbarkeit der entsprechenden Repräsentationen, unabhängig von der realen Präsens der durch sie repräsentierten Objekte oder Sachverhalte, zusammen (zunehmende Verfügbarkeit auch über zeitlich – Vergangenheit und Zukunft – wie räumlich immer Entfernteres). Die Unabhängigkeit von der realen Beschaffenheit der jeweiligen Umwelt ist dadurch ungleich stärker als in der sensomotorischen Entwicklungsstufe.

»Wir haben früher schon einmal dargestellt, wie die sensomotorische Anpassung vom 8. Lebensmonat an in die Konstruktion einer praktischen und nahen Welt führt. Dies geschieht durch eine fortschreitende Gleichgewichtsbildung zwischen der Assimilation der Dinge an die Schemata der eigenen Aktivität und der Akkomodation dieser Schemata an die Gegebenheiten der Erfahrung. Die vorstellungsmäßige Anpassung führt in diesem Sinne diesen Prozeß genau fort; jedoch mit größeren raum-zeitlichen Distanzen, die durch die Erinnerung an die Objekte und Ereignisse über den Wahrnehmungsbereich hinaus möglich werden, und zwar mittels symbolischer Bilder, mittels der Zeichen und des Denkens. Anders ausgedrückt: außer den nahegelegenen und wahrnehmbaren Objekten hat sich das Verhalten an das im Raum und in der Zeit weit entfernte Universum anzupassen, ebenso wie an die Welt anderer Menschen« (Piaget 1975b, S. 338).

(2) Mit der Verdoppelung der kindlichen Welt, die mit der Ausbildung und der funktionalen Verfügbarkeit innerer Repräsentationen (Vorstellungsbilder, Symbole, Zeichen) äußerer Dinge, Relationen, Sachverhalte gegeben ist, beginnt nun zum ersten Male neben den das sensomotorische Handeln bestimmenden praktisch-konkreten Handlungszielen (etwa einen Gegenstand durch Greifen erreichen, durch motorische Aktivitäten sich ein »Schauspiel« verschaffen) das Konzept der *Wahrheit* als der Übereinstimmung oder Angleichung von Repräsentation und repräsentiertem Ding oder Sachverhalt als immer bedeutsamer werdendes Handlungs- oder Denkziel in das menschliche Be-

mühen um Erkenntnis einzugehen. Hier, an dieser Stelle, dürfte der lange Weg der menschlichen Wahrheitssuche seinen Anfang haben. Er ist sicher zunächst noch sehr praktisch bestimmt – es ist einfach schon auf der biologischen Ebene vorteilhaft, ein möglichst großes Ausmaß an Übereinstimmung zwischen inneren Repräsentationen und äußeren Sachverhalten zu erreichen, wenn inneres Manipulieren mit Repräsentationen zu auch äußerer Effizienz führen soll. Der Weg der menschlichen Erkenntnisentwicklung führt aber auch hier zu praktische Implikationen weitgehend transzendierenden oder nur noch sehr indirekt implizierenden Denkniveaus, wie etwa in bestimmten philosophischen oder wissenschaftlichen Erkenntnisbereichen, wo, selbst wenn man die Möglichkeit, diesen Endpunkt je zu erreichen, verneint, die Annäherung an das Postulat des reinen »Erkennens um des Erkennens willen« schon sehr weit getrieben ist.

(3) Während sensomotorische, jeweils im Vollzug ganz konkreten Handelns gewonnene Erkenntnisse noch weithin privat-individuell und kaum mitteilbar sind, potenziert die Ausbildung der Symbolfunktion, d. h. der Fähigkeit, etwas durch ein anderes darzustellen, die Möglichkeit, Sachverhalte *sozial zu vermitteln* bzw. vermittelt zu bekommen. Zwar ist dies in den Anfängen der symbolisch-voroperationalen Stufe bei vielfach ebenfalls noch weitgehend privat-individuell und egozentrisch bleibenden bildhaften Vorstellungen in nur sehr eingeschränktem Ausmaß der Fall, verstärkt sich aber dann durch den zunehmenden Erwerb sozialer Zeichen, in erster Linie der sprachlichen, in hohem Ausmaß. Dadurch wird *Sozialisation* im Sinne der Vermittlung soziokultureller Inhalte und der sozialen Korrektur des Denkens möglich.

Versucht man, wie hier geschehen, die wesentlichsten Merkmale des symbolisch-voroperationalen Denkens durch Abhebung gegenüber dem sensomotorischen Erkennen zu verdeutlichen, so bliebe das Bild unvollständig, würde hier nicht auch neben den strukturellen Verschiedenheiten auf die *funktionalen Äquivalenzen* (den Aspekt der Entwicklungskontinuität) zwischen sensomotorischen und symbolisch-voroperationalem Erkennen hingewiesen: den sensomotorischem Schemata entsprechen auf der Stufe des voroperationalen Denkens *funktional* die zunehmend sich ausbildenden und entfaltenden inneren Repräsentationen von Sachverhalten; der sensomotorischen Assimilation das – zunächst wieder noch sehr praktisch-konkret ausgerichtete – Urteilen (ein bestimmter Sachverhalt wird an ein Urteilsschema assimiliert); der sensomoto-

rischen Akkomodation das Überprüfen an der (zunehmend auch sozial vermittelten) Erfahrung; der Koordination der einzelnen sensomotorischen Schemata das Schlußfolgern als Koordination einzelner Urteile u.a.m.
Die Spannweite des genetischen Kontinuums ist auch hier extrem weit und umfassend zu sehen. Es besteht nach Piaget ein genetisches Kontinuum und eine funktionale Äquivalenz zwischen sensomotorischem Schema und Urteil bis in seine höchstentwickelten Formen (Logik und Mathematik):
»Die wesentliche Eigenschaft eines solchen Schemas (das nicht mit einer figurativen Abbildung verwechselt werden darf...) besteht darin, daß es Assimilationen, also Akte des ›Gleichsetzens‹ ermöglicht, die ebenso wie die Urteile, deren Vorläufer sie sind, richtig oder falsch sein können – im Gegensatz zu den Assoziationen. Hat sich beispielsweise das Verhaltensmuster für den Gebrauch des Stockes ausgebildet, wenn das Kind also einen gewünschten Gegenstand mit dem Stock heranziehen kann, so kann es einen Metallstab mit dem Stock gleichsetzen, und das wäre richtig, oder aber einen Strohhalm – und das wäre falsch. Dieses System der Assimilationsschemata umfaßt bestimmte allgemeine Formen der Koordination ... und wir müssen bis zu diesen Formen zurückgehen, um die Wurzeln der späteren logisch-mathematischen Strukturen zu finden« (Piaget/Inhelder 1970, S. 135, 136).

5.3.1.4 Abhebende Merkmale des voroperationalen Denkens gegenüber späteren Entwicklungsstufen: Konkrete Bildhaftigkeit und Isomorphie mit dem äußeren Handeln. Zentrierung. Irreversibilität. Vorbegriffe. Transduktives Schließen.

Außer durch Abhebung von der entwicklungsmäßig vorangehenden früheren Stufe des sensomotorischen Erkennens läßt sich das symbolisch-voroperationale Denken ebenso durch Abhebung von den ihm entwicklungsmäßig nachfolgenden reiferen Denkniveaus verdeutlichen.
Konkrete Bildhaftigkeit und Isomorphie mit dem äußeren Handeln: Das Denken dieser frühen Stufe hebt sich von späteren Denkniveaus, je früher, um so stärker, zunächst durch seinen noch sehr hohen Grad an *Konkretheit* ab. Entsprechend seiner zeitlichen und genetischen Nähe zum sensomotorischen Erkennen stellt es in seinen Merkmalen und in seinem Ablauf noch weitgehend ein verinnerlichtes, noch wenig abstrahiert-schematisiertes und ordnend-umgestaltetes Abbild konkret äußerer Handlungen dar. Die *Iso-*

morphie zwischen voroperationalem Denken und äußerem Handeln ist noch stark ausgeprägt.
Die ausgeprägte Konkretheit des voroperationalen Denkens impliziert das Phänomen des kindlichen »*Realismus*«, wie er das kindliche Weltbild gegenüber dem des älteren Kindes und des Jugendlichen kennzeichnet: auch immaterielle Phänomene, wie etwa Namen, Träume, Gedanken, werden konkret-materiell und räumlich existierend aufgefaßt (vgl. Piaget 1978).
Zentrierung: Mit diesem noch sehr hohen Grad an Konkretheit, d. h. der noch sehr starken Verhaftetheit an die unmittelbar wahrgenommene (und noch wenig geistig verarbeitete) Realität hängt ein weiteres Merkmal des voroperationalen Denkens zusammen, seine Zentrierung.
Unter *Zentrierung* versteht Piaget die Konzentration der kindlichen Aufmerksamkeit auf einzelne wahrnehmungsmäßig jeweils besonders hervorstechende Merkmale eines Objekts oder eines Sachverhalts unter Vernachlässigung anderer wichtiger konkurrierender Eigenschaften.
Anders gesagt: das Kind dieser Altersstufe ist noch nicht in der Lage zu dezentrieren. Es vermag noch nicht, sich aus der »Fesselung« durch das jeweils hervorstechendste Merkmal wahrnehmungsmäßig und intellektuell zu lösen, indem es andere kompensierende Merkmale korrigierend in Betracht zöge, so daß sein Denken und Schlußfolgern, gemessen am Maßstab des erwachsenen Denkens, als einseitig-falsch erscheinen muß.

Dieses Merkmal der Zentrierung läßt sich noch bei 4–5jährigen Kindern an Hand der von Piaget durchgeführten Umschüttexperimente veranschaulichen. Dabei werden jeweils zwei Gläser A_1 und A_2 von identischer Form und Größe mit einer gleichen Anzahl Perlen oder der genau gleichen Menge Flüssigkeit gefüllt. Die Äquivalenz der Perlen- oder Flüssigkeitsmengen in beiden gleichgestalteten Gläsern wird von den Kindern auf die entsprechende Frage hin bejaht. Danach wird der Inhalt vor den Augen des Kindes von A_2 zunächst in ein anderes schmäleres Glas B umgeschüttet, so daß die Perlen- oder Flüssigkeitssäule in B nun höher als in dem als Vergleichsgröße unverändert gebliebenen Glas A_1 ist. Das Kind verneint nun die Äquivalenz der beiden zuvor als gleich beurteilten Mengen und konstatiert eine größere Perlen- oder Flüssigkeitsmenge in B, »weil es höher ist«. D. h. das kindliche Wahrnehmen und Urteilen ist zentriert auf das auffällige, ins Auge springende Merkmal »Höhe« der Perlen- oder Flüssigkeitssäule, ohne dezentrierend die kompensatorische Abnahme des Durchmessers zu berücksichtigen. Wird der Durchmesser von B zunehmend verkleinert, so kann schließlich eine Zentrierung auf das nunmehr auffälligste Merkmal der Schmalheit oder »Dünne« des Gefäßes B erfolgen, so daß das Kind nun sagt, in B seien weniger Perlen oder weniger Flüssigkeit als in A_1, »weil es dünner ist« (vgl. Piaget 1966).

Irreversibilität: Die Ergebnisse dieser Umschüttversuche hängen mit einer weiteren Eigenschaft zusammen, durch die sich das voroperationale Denken von späteren »reiferen« Denkniveaus unterscheidet, seiner Irreversibilität.
Das ältere Kind, der Jugendliche oder der Erwachsene könnte die Äquivalenz der beiden Mengen in A_1 und B nicht nur durch die dezentrierende Beachtung des jeweils kompensierenden Merkmals (Durchmesser, Höhe) erkennen, sondern auch dadurch, daß er den Umschüttvorgang in der Vorstellung, »in Gedanken« rücklaufen lassen, ihn geistig rückgängig machen könnte, wodurch innerlich in der Vorstellung die Äquivalenz der beiden Mengen wieder hergestellt und somit feststellbar wäre.
Diese Eigenschaft der Reversibilität, d. h. die Fähigkeit, (reale und vorstellungsmäßige) Abläufe innerlich umzukehren, zurück zum Ausgangspunkt laufen zu lassen, besitzt das Kind der frühen voroperationalen Stufe nach Piaget noch nicht; sein Denken ist noch irreversibel, eine Eigenschaft, die nach Piaget einerseits einen der markantesten Unterscheidungspunkte zum späteren operationalen Denken in seiner früheren konkreten wie noch verstärkt in seiner späteren formal-hypothetischen Ausprägung ausmacht, zum anderen einen wesentlichen Aspekt des noch sehr unvollkommen-labilen Gleichgewichts dieser kindlichen Erkenntnisstufe darstellt.
Vorbegriffe: Zwei weitere Merkmale, durch die sich das Erkennen und Denken in der voroperationalen Stufe von späteren Stufen unterscheidet, liegt in der Art der verwendeten »Begriffe« oder begriffsartigen Bausteine des Denkens, der »Vorbegriffe«, und der Art des Schließens, das weder als deduktiv noch induktiv, sondern nach Piaget in Anlehnung an eine entsprechende Bezeichnung W. Sterns als transduktiv bezeichnet werden kann.
Die »Vorbegriffe« dieser Entwicklungsstufe zeichnen sich entsprechend dem oben dargestellten Gesamtcharakter des voroperationalen Denkens durch ihre noch sehr enge Anlehnung an äußere, sensomotorische Handlungen, durch ihren noch sehr ausgeprägten konkret-bildhaften Charakter aus.
Vorbegriffe nehmen eine Zwischenstellung ein und stellen insofern eine Übergangsform dar, als sie sich weder auf rein singulär-individuelle Sachverhalte mit stabil unterscheidbarer Identität über die Zeit und in verschiedenen konkreten Situationen beziehen, noch auf allgemeine Klassen ähnlicher oder gleicher Gegenstände oder Sachverhalte. Sie sind damit »*dem* Wolf«, »*dem* Fuchs«, »*dem* Ra-

ben« usw. des Märchens oder der Fabel vergleichbar, die ebenfalls Zwischenformen zwischen einem singulären Individualbegriff, der eine über die Zeit und in verschiedenen Kontexten von anderen Individuen derselben Gattung stabil unterscheidbare Identität zum Ausdruck bringt, und einem eigentlichen Gattungsbegriff darstellen.

»Das Kind dieser Entwicklungsstufe ... gelangt weder zur Allgemeinheit noch zur wirklichen Individualität der Begriffe ... einesteils haben die einzelnen Individuen, auf die sich das Denken bezieht, weniger Individualität, d. h. sie bleiben mit sich selbst weniger identisch als das in späteren Stadien der Fall ist. Z. B. ... wird ein bestimmter Garten mit einem anderen identifiziert, J. will nicht an die Identität ihrer Schwester L. glauben, wenn diese ein anderes Badekostüm trägt, dann erklärt sie, daß ›es jetzt wieder L. ist‹, wenn diese ihr Kleid wieder anzieht; J. selbst dissoziiert sich nach den Bildern, die sie von ihrer Person wahrnimmt, in ›J. im Spiegel‹, ›J., die das und das macht‹ und ›J. auf dem Foto‹. Kurz, das gleiche Individuum kann aus verschiedenen Personen zusammengesetzt sein, je nach der Kleidung, die es trägt, oder den Bildern, die im Spiegel oder auf Fotografien von ihr zu sehen sind ... Das wesentliche Merkmal dieser Lebewesen ist also nicht die Identität über die Zeit hin, sondern aufeinanderfolgende und unterscheidbare Zustände, durch die sie hindurchgehen, wobei sie die Persönlichkeit wechseln.

Aber umgekehrt: die Klassen sind weniger allgemein, als sie das in der Folge sein werden, und eine Klasse ist eine Art ›typisches Individuum‹, das in verschiedenen Exemplaren auftaucht. Die Schnecken (Bb. 107) sind alle ›die Schnecke‹, die in verschiedenen Formen auftaucht ...

Diese beiden Merkmale des Fehlens einer individuellen Identität und des Fehlens einer allgemeinen Klasse bilden in Wirklichkeit einen einzigen Tatbestand: Wegen des Fehlens einer Klasse von stabiler Allgemeinheit werden die individuellen Elemente, die nicht in ein sie umfassendes wirkliches Ganzes vereinigt sind, direkt ohne permanente Individualität miteinander vermengt, und weil diese Individualität der Teile fehlt, kann das Ganze nicht als umfassende Klasse konstruiert werden. So bleibt der kindliche Vorbegriff auf halbem Wege zwischen dem individuellen und dem allgemeinen stehen und stellt eine Art von ›participation‹ im Sinne Lévy-Bruhls dar, wenn man in dieser Art von Beziehung das folgende Kriterium sehen will: Fehlen der Inklusion der Elemente in ein Ganzes und direkte Identifikation der Teilelemente untereinander, ohne das Zwischenglied des Ganzen ...« (Piaget 1975b, S. 285, 287, 288).

Die beiden Grundmerkmale des Vorbegriffs, der *Mangel an stabiler Identität* und an *logischer Allgemeinheit* hängen nach Piaget also innerlich zusammen und können unter anderem Aspekt als noch *mangelnde Fähigkeit zur Abstraktion* als Voraussetzung der Bildung logischer Klassen und des adäquaten Umgangs mit diesen angesehen werden – Fähigkeiten, die als logische Operationen erst auf späteren Entwicklungsstufen erworben werden.

Transduktives Schließen: Durch die entsprechenden Merkmale läßt sich nach Piaget das verknüpfende Denken oder Schließen kennzeichnen, durch welches das Kind dieser Altersstufe die Vorbegriffe miteinander verbindet. Piaget schließt sich wieder dem Sprachgebrauch W. Sterns an, der dieses frühkindliche Urteilen, da es weder vom Einzelfall zum Allgemeinen (induktiv) noch vom Allgemeinen zum Einzelfall (deduktiv), sondern *vom Einzelfall zum Einzelfall* verlaufe, »*transduktiv*« genannt hat. Piaget weist jedoch darauf hin, daß diese Eigenschaft, wenngleich faktisch das kindliche Urteilen kennzeichnend, doch nicht das wesentliche Unterscheidungskriterium sei, da es durchaus Schlüsse gebe, »die die Notwendigkeit eines deduktiven Schlusses enthalten und die doch nur den Einzelfall auf den Einzelfall beziehen« (Piaget 1975, S. 297); z. B.: »der Engel ähnelt D., und D. ähnelt T., also T. ähnelt auch dem Engel« (a. a. O., S. 295).

Das Wesentliche des transduktiven Schließens liegt vielmehr darin, daß es nicht nach logischen Regeln des Erwachsenendenkens vor sich geht (Fehlen der Klasseninklusion), sondern daß das Kind scheinbar willkürlich-irrational oder assoziativ von einem Merkmal zum anderen geht oder das im Denkvollzug jeweils folgende Merkmal an ein vorausgehendes auffälliges Merkmal, auf das das kindliche Denken jeweils zentriert ist, *egozentrisch-willkürlich* assimiliert.

»Mit 2;10 (8) hat J. Fieber und verlangt Orangen, aber die neue Ernte ist noch nicht zu haben, und man versucht ihr klar zu machen, daß die Orangen noch nicht reif seien: ›Sie sind noch grün, man kann sie noch nicht essen. Sie haben noch nicht diese schöne gelbe Farbe‹. (J. kennt nur dieses Wort, um deren Farbe zu bezeichnen.) J. scheint zunächst zu resignieren, aber einen Augenblick später, während sie Kamillentee trinkt, sagt sie: ›Die Kamillen sind nicht grün, sie sind schon gelb, gib mir Orangen!‹ Man sieht, worin hier der Schluß besteht: wenn die Kamillen schon gelb sind, können die Orangen es auch gut sein; das ist Analogie oder symbolische Partizipation« (a. a. O., S. 293/294).

Prinzipien der transduktiven Verbindung zwischen den einzelnen Urteilselementen können also wie hier oberflächlich-«unwesentliche«, aber wahrnehmungsmäßig ins Auge springende Analogien bzw. die oben schon angesprochene *Partizipation* (S. 73) sein, nicht aber, so definiert sich das transduktive Schließen, die logischen Regeln des erwachsenen Denkens, die auf »reversible Verschachtelung hierarchischer Klassen oder Relationen« (a. a. O., S. 297) zurückgehen und so den (späteren) Urteilen den Charakter interindividuell verbindlicher Notwendigkeit oder Allgemeinheit verschaffen.

Wieder finden wir das oben schon angesprochene Merkmal der *Zentrierung* des kindlichen Denkens auf ein wahrnehmungsmäßiges Merkmal; und wieder läßt sich der Weg vom transduktiven zum logischen Schließen (auf dem Hintergrund hierarchischer Verschachtelung oder Klasseninklusion) als generelle Dezentrierung des kindlichen Denkens interpretieren:

»Das Denken ist auf diese Elemente zentriert, weil sie Gegenstand des Interesses, der Aufmerksamkeit, der Aktivität des Kindes sind oder weil sie seinen aktuellen Gesichtspunkt ausmachen, kurz, weil sie ihm im Blickfeld liegen. Die Assimilation des speziellen Falles an den speziellen Fall, die typisch für die Transduktion ist, ist also deformierend und irreversibel, weil sie zentriert bleibt, und sie wird logisch und Ursache für hierarchische Verschachtelungen oder für Reziprozitäten in dem Maße, wie ihre Dezentration sie reversibel machen wird. Das Element B ist illegitimerweise auf das Element A reduziert, weil dieses Element A zentriert wird und weil die Assimilation noch irreversibel ist: Das ist die Formel der Transduktion. Die Elemente A und B sind auf reversible Art aneinander assimiliert und ihre reziproke Dezentration führt zur Bildung einer Klasse (A + B), die sie umfaßt: das ist die Formel der logischen Konstruktion. Die der Transduktion zugrunde liegenden Prozesse sind also nur ein besonderer Fall dieses allgemeinen Mechanismus, der die ganze Entwicklung der kognitiven Funktionen charakterisiert, von der Zentrierung zur wahrnehmungsmäßigen Dezentrierung und vom egozentrischen Denken zur logischen Reziprozität« (a. a. O., S. 298/299).

Die mangelhafte Steuerung des transduktiven Schließens oder Denkens durch logische Prinzipien impliziert die oft bei Kindern dieser Entwicklungsstufe bemerkte noch *wenig ausgebildete Sensibilität für Widersprüche;* die einzelnen Gedanken sind eher durch häufig *willkürliche, zufällige, assoziative* Verbindungen oder *Analogien* als durch logisch-implikative oder kausale Verbindungsglieder verknüpft. Sie liegen durch dieses Merkmal noch näher bei den sensomotorischen Schemata und der Art ihrer Aufeinanderfolge als spätere Denkprozesse.

Die Nähe zu den sensomotorischen Handlungsschemata zeigt sich auch in der noch sehr starken *Ausrichtung an der Verwirklichung praktischer Ziele:* »Mit 2;0 (14) wünscht sich J. für ihre Puppe ein Kleid, das in der oberen Etage ist. Sie verlangt ›Kleid‹ erst, als ihre Mutter bei ›Papa holt Kleid‹ ablehnt. Als auch ich abwehre, will sie selbst ›in das Zimmer von Mama‹ gehen. Nach mehreren wiederholten Versuchen erwidert man, daß es zu kalt sei. Es folgt ein langes Stillschweigen. Danach: ›nicht zu kalt‹. – ›Wo?‹ – ›Im Zimmer‹. – ›Warum ist es nicht zu kalt?‹ – ›Kleid holen‹. – Also das Urteil ›nicht zu kalt‹, das erfunden ist, um die fraglichen Bedürfnisse zu befriedigen, ist dem verfolgten praktischen Ziel untergeordnet: Hier haben wir noch das vor uns, was wir an anderer Stelle eine sensomotorische Folgerung genannt haben (Koordination von Schemata in Funktion eines Zieles); aber es kommt eine Darstellung hinzu, die die Wirklichkeit transformiert und die als Zwischenschritt dient, um das Ziel zu erreichen« (Piaget a.a.O., S. 293).

5.3.2 Das anschauliche Denken (ca. 4–7 Jahre)

Diese zweite Subperiode des voroperationalen Denkens, die für Piaget etwa zwischen dem 4. und 7. Lebensjahr liegt, läßt sich in mehrfacher Hinsicht als *Übergangsphase* oder *Zwischenstadium* kennzeichnen. Es tauchen nun Denkstrukturen auf, die in der Mitte zwischen den starr zentrierten und irreversiblen Denkweisen der vorangegangenen Subperiode und den (völlig) dezentrierten reversiblen Operationen der folgenden Entwicklungsstufe liegen.

5.3.2.1 Konfigurationen

Dieser Zwischenbereich ist zunächst gekennzeichnet durch das Auftreten der sogenannten *Konfigurationen* oder *gegliederter Anschauungen,* Anschauungs- oder kognitiver Strukturen, die sich nicht mehr wie in der vorangehenden Subperiode auf ein einzelnes (typisches) Objekt, sondern auf eine Mehrzahl oder »eine Gesamtheit von Elementen beziehen, die durch eine einfache Gesamtanordnung verbunden sind« (Piaget 1975 b, S. 308).
Eine solche Konfiguration oder gegliederte Anschauung stellen etwa in einer bestimmten Gestalt angeordnete Anzahlen bestimmter Gegenstände und die entsprechende Leistung dar, die tatsächlich oberflächlich an eine operatorische Denkleistung erinnert, nämlich die Zuordnung anderer Gegenstände in gleicher Anzahl:
»Reihen wir jetzt sechs rote Spielmarken auf den Tisch, geben wir der Versuchsperson eine Anzahl blauer Spielmarken und fordern

wir sie auf, eine eben so große Anzahl davon auf den Tisch zu legen. Im Alter von ungefähr 4—5 Jahren wird das Kind keine Zuordnung herstellen und sich damit begnügen, eine eben so lange Reihe aufzubauen (deren Elemente dichter aneinanderliegen als im Vorbild). Im Alter von ungefähr 5—6 Jahren wird das Kind sechs blaue Scheiben gegenüber den sechs roten aneinanderreihen« (Piaget 1966, S. 149).
Piaget stellt hier die Frage, ob durch diese Zuordnungsleistung das Niveau operatorischen Denkens erreicht sei. Er verneint diese Frage und stellt gleichzeitig den wesentlichen Unterschied zur wirklichen, reifen Operation der folgenden Entwicklungsstufe heraus, nämlich die Abhängigkeit von der Anschauung, von der optischen Äquivalenz der Anschauungsgestalten und das Fehlen einer von der jeweiligen Anschauungsgestalt unabhängigen Äquivalenzerfassung, wie sie das operatorische Denken kennzeichnet:
»Ist dadurch – wie es auf den ersten Blick scheinen könnte – die Operation erreicht? Keinesfalls, denn es genügt, die Elemente einer Reihe voneinander zu entfernen oder zu einem Haufen zusammenzuschieben, damit das Kind den Glauben an die Äquivalenz aufgibt. Solange die optische Übereinstimmung vorhanden ist, ist auch die Äquivalenz selbstverständlich. Sobald die erstere gestört ist, verschwindet auch die letztere, was nur wieder zur Nichterhaltung des Ganzen zurückführt« (Piaget 1966, S. 149).

5.3.2.2 Regulierungen

Diese Begrenztheit des kindlichen Denkens auf dieser Entwicklungsstufe und gleichzeitig sein Übergangscharakter zeigen sich auch in den jetzt zu beobachtenden *Regulierungen,* die eine Zwischenform zwischen den noch völlig irreversiblen Zentrierungen der vorangehenden Subperiode und dem völlig dezentrierten reversiblen Denken der folgenden Stufen des operatorischen Denkens darstellen: die Zentrierung auf einen bestimmten herausragenden »gefangennehmenden« Wahrnehmungsaspekt kann abgelöst, »reguliert« werden durch ein mit wachsender Entwicklung immer rascher mögliches *sukzessives* Umspringen auf einen zweiten kompensatorischen Wahrnehmungsaspekt, ohne daß es jedoch zu einer echten Dezentrierung, d. h. einer gleichzeitig-simultanen, kompensatorischen Berücksichtigung beider zuvor zentrierten Aspekte und damit zu einer Realisierung der Erhaltung des Ganzen käme, wie es dem operatorischen Denken entspräche.
Bei dem oben (vgl. S. 71 f.) zitierten Umschüttversuchen etwa bestände der Vorgang der Regulierung darin, daß bei zunehmender

Überhöhung des Glases B die Zentrierung auf die Höhe auf die entsprechend maximierte Dünne der Flüssigkeits- oder Perlensäule umspränge, d. h. die Menge in B wird nun nicht mehr als mehr, sondern als geringer eingeschätzt, »denn es ist so schmal«. Die Zentrierung auf die Höhe wird also abgelöst durch eine Zentrierung auf die Breite, ohne daß jedoch schon eine gleichzeitig-simultane Kompensation beider Aspekte Höhe und Breite erfolgen würde, d. h. die entsprechende dezentrierende Operation wird erst vorbereitet, »angekündigt« (Piaget 1966, S. 148), aber noch nicht realisiert; die Erhaltung des Ganzen, der Äquivalenz der Mengen wird noch nicht realisiert, eine wirkliche Reversibilität des Denkens findet sich noch nicht. Insofern hat das Denken immer noch stark den Charakter einer verinnerlichten praktisch-konkreten Handlung, ist noch stark an die konkrete Anschauung verhaftet; wie sehr, dies zeigt etwa die weiterführende Variation des eben angesprochenen Umschüttversuches:

»Man zeigt der Versuchsperson von Anfang an zwei Gläser A und B von verschiedener Form und läßt sie abwechselnd eine Perle in jedes Glas, die eine mit der rechten, die anderen mit der linken Hand hineinlegen. Bei einer kleinen Anzahl von Perlen (vier oder fünf) glaubt das Kind ohne weiteres an die Äquivalenz der beiden Haufen, was die Operation anzukündigen scheint. Sobald aber die Formen der Perlensäulen allzu verschieden werden, wird es – obwohl die Entsprechung objektiv weiterbesteht – nicht mehr an die Gleichheit glauben! Die latente *Operation wird also von den irreführenden Wirkungen der Anschauung besiegt*« (Piaget 1966, S. 149, Hervorhebungen vom Verfasser).

Zeigten sich hier noch die Gemeinsamkeiten mit den früheren Entwicklungsstufen und die Begrenztheit dieser Subperiode, so führen andererseits die immer flexibler und rascher möglichen Regulierungen immer näher an die folgende Entwicklungsstufe des dezentriert-reversiblen Operation heran:

»Aber dieser ursprüngliche Zustand, den man in jedem Bereich des anschaulichen Denkens wiederfindet, wird durch das System der die Operationen ankündenden Regulierungen allmählich berichtigt. Ursprünglich von der unmittelbaren Beziehung zwischen der Erscheinung und dem Standpunkt des Subjekts beherrscht, entwickelt sich die Anschauung in der Richtung einer Dezentrierung. Jede übertriebene Entstellung hat ein Wiedererscheinen der vernachlässigten Beziehung zur Folge. Jede hergestellte Beziehung begünstigt die Möglichkeit einer Umkehrung. Jeder Umweg schafft Interferenzen, welche die Gesichtspunkte bereichern. Jede Dezentrierung einer Anschauung drückt sich daher in Regulierungen aus, die in der Richtung der Komposition, der Transitivität und der Assoziativität, also der Erhaltung durch Koordinierung der Gesichtspunkte, streben. Daher die gegliederten Anschauungen, deren Fortschritt in die Richtung der reversiblen Beweglichkeit geht und die Operationen vorbereitet« (Piaget 1966, S. 156, 157).

5.4 Die Periode der konkreten Operationen (ca. 7–11 Jahre)

Die hier zu beschreibende und die folgende Periode sind beide nach Piaget zentral gekennzeichnet durch das Auftreten von »*Operationen*«, einem Begriff, den Piaget in die kognitive Entwicklungspsychologie eingeführt hat. Welches sind die wesentlichsten Merkmale dieses Begriffs?

5.4.1 Kennzeichnende Eigenschaften von Operationen

5.4.1.1 Aktivität

Zunächst gibt der Begriff »Operation« die zentrale Auffassung Piagets vom Erkennen und der Intelligenz als einer *Tätigkeit* wieder, und tatsächlich entwickelt sich nach Piaget die Operation, das Operieren als verinnerlichte, mehr oder minder abstrakt-formalisierte, generalisierte Tätigkeit kontinuierlich aus der beobachtbaren, konkreten Handlung im äußeren Anschauungsraum als dem »Ursprung und Nährboden der Intelligenz« (Piaget 1966, S. 38).

5.4.1.2 Systematisierung

Eines der zentralen Merkmale jeder biologischen Entwicklung, körperlich oder psychisch, ist die zunehmende Systematisierung von Organen und Funktionen mit fortschreitender Entwicklungshöhe.
So ist auch die Operation als fortgeschrittenste Form menschlicher Erkenntnistätigkeit zentral gekennzeichnet durch ihre hohe Ausprägung an *Systematisierung:* eine Operation ist Operation immer nur durch ihre *Einbettung in ein ganzes System von Operationen.* Dieses Merkmal ist so zentral, daß Piaget, vielleicht etwas überpointiert, sagen kann: »Eine einzelne Operation ist keine Operation . . . es ist nur eine gänzlich unerlaubte Abstraktion, wenn man von ›einer‹ Operation spricht; eine vereinzelte Operation kann nicht Operation sein, denn die eigentümlichste Eigenschaft der

Operationen liegt gerade darin, daß sie zu Systemen vereinigt sind« (Piaget 1966, S. 41).

5.4.1.3 Dezentrierung

Mit diesem Merkmal des höheren Organisationsgrades, des verstärkten kompensatorischen und korrigierenden Zu-einander-in-Beziehung-setzens der einzelnen Erkenntnisakte hängen weitere zentrale Eigenschaften, durch die sich Operationen von genetisch früherem kognitiven Vorgehen unterscheiden, zusammen.

Zum einen kommt es nun im Unterschied zur vorhergehenden Stufe des anschaulichen Denkens mit seinen gegen Ende des Entwicklungsabschnitts auftretenden, noch sehr kurzfristigen, labilen und nur ansatzweisen Andeutungen von Dezentrierung, den Regulierungen (s. o. S. 77 ff.), zu echten, d. h. gleichzeitig beweglichen und doch stabilen *Dezentrierungen:* Das Kind ist jetzt in der Lage, sich zunehmend der Bestimmung und Gefangenschaft durch einzelne hervorstechende Wahrnehmungsaspekte oder seine jeweils individuell-egozentrische Wahrnehmungsposition zu entziehen und auch andere kompensierende Aspekte in sein kognitives Urteilen einzubeziehen.

»Das neue an dem beweglichen Gleichgewicht ... ist die Tatsache, daß die von den Regulierungen und den allmählichen Gliederungen der Anschauung schon vorbereitete Dezentrierung plötzlich systematisch wird und ihren Höhepunkt erreicht. Das Denken haftet dann nicht mehr an besonderen, bevorzugten Zuständen des Gegenstandes, sondern bemüht sich, seinen sukzessiven Veränderungen auf allen möglichen Um- und Rückwegen zu folgen, und geht nicht mehr von einem besonderen Standpunkt des Subjekts aus, sondern koordiniert alle besonderen Gesichtspunkte zu einem objektiven System« (Piaget 1966, S. 161).

Dezentrierung zeigt sich bei den oben genannten Umschüttversuchen darin, daß das Kind des operatorischen Entwicklungsniveaus nun nicht mehr – weil es sich nicht mehr von jeweils nur *einem* hervorstechenden Wahrnehmungsmerkmal, der Höhe oder Dünne des jeweiligen Gefäßes, gefangennehmen läßt – die Äquivalenz der beiden Vergleichsmengen verneint, sondern die Erhaltung der Menge oder des Ganzen, ihre *Invarianz*, erkennt; deshalb, weil es aufgrund der Dezentrierung vom jeweils hervorstechenden Merkmal die kompensierende Funktion des zugehörigen, aber wahrnehmungsmäßig zurücktretenden Merkmals in sein Denken einbeziehen kann (»Die Säule ist zwar höher, aber dafür dünner« usw.). Das Kind auf der Stufe des konkret-operatorischen Denkens ist nun in der Lage, zunehmend-sukzessiv die jeweiligen *Invarianz-*

begriffe (Gewicht, Masse, Volumen u. a. m.) zu erwerben, die die Erfahrungswelt des Jugendlichen und Erwachsenen im Strom der wechselnden Wahrnehmungsaspekte und gegenüber den Täuschungen der Sinneseindrücke stabilisieren und so einen verläßlichen Orientierungsrahmen und berechenbare Verhaltensdispositionen ermöglichen.

Der höhere System- und Organisationsgrad des operatorischen Denkens, das verstärkte gegenseitige In-Beziehung-setzen und korrigierende Berücksichtigen alternativer Erkenntisaspekte impliziert gleichzeitig eine *Abnahme der Widersprüchlichkeit* des kindlichen Denkens.

5.4.1.4 Reversibilität

Das Kind dieser Entwicklungsstufe erkennt die Erhaltung der Menge, des Ganzen in den hier zur Veranschaulichung herangezogenen Umschüttversuchen aber auch durch das Inbetrachtziehen der Möglichkeit, den entsprechenden Prozeß des Umschüttens wieder rückgängig zu machen, d. h. die umgeschütteten Flüssigkeits- oder Perlenmengen wieder in das ursprüngliche Gefäß zurückzuschütten, wodurch die Invarianz der ursprünglichen Menge ebenfalls klar zu erkennen ist.

Hier äußert sich ein weiteres zentrales Merkmal des operatorischen Denkens: seine *Reversibilität*.

»Reversibilität nennen wir die Fähigkeit, eine und dieselbe Handlung in den beiden Durchlaufsrichtungen auszuführen, und zwar im Bewußtsein davon, daß es dieselbe Handlung ist« (Piaget 1957, S. 44).

Das Kind der konkret-operatorischen Stufe kann Denk- und Erkenntnisprozesse wieder zurück zu ihrem Ausgangspunkt laufen lassen und so innerlich den Ausgangspunkt vor der Realisierung des jeweiligen Erkenntnisprozesses wieder herstellen. Dadurch wird, wie im eben angeführten Beispiel gezeigt, z. B. die Erkenntnis der Erhaltung des Ganzen oder der Invarianz der Menge möglich.

5.4.2 Beschreibung des operatorischen Denkens durch mathematisch-algebraische und formal-logische Sprachmittel

5.4.2.1 Zur Eignung mathematisch-algebraischer und formal-logischer Sprache zur Beschreibung operatorischen Denkens

Zur genaueren Beschreibung des operatorischen Denkens zieht

Piaget bevorzugt mathematisch-algebraische und formal-logische Sprachelemente heran, und zwar vor allem aus zwei Gründen.

Zum einen stellen mathematisch-algebraische und formal-logische Strukturen die reinsten, »idealsten« und damit prägnantesten Ausprägungen des operatorischen Denkens dar und eignen sich so hervorragend zum Aufzeigen des mit dem Begriff »Operation« und »operatorisch« Gemeinten.

Zum anderen, und dies ist vielleicht noch fundamentaler und wichtiger, glaubt Piaget, daß gerade aufgrund des *Tätigkeitscharakters* der Operation, ihres *genetischen Ursprungs aus dem offen-konkreten Handeln* im äußeren Anschauungsraum, die mathematische Sprache, insofern sie in einer *formalisierten Beschreibung* verinnerlichter, abstrakter und generalisierter, aber ursprünglich äußerer *Aktivitäten* besteht, sich als Darstellungsmittel des operatorischen Denkens besonders eignet.

»Um zu dem wirklichen Mechanismus der Intelligenz zu gelangen, muß man also die natürliche Einstellung des Bewußtseins auf den Kopf stellen und den Standpunkt der Handlung selbst wieder einnehmen. Dann erst erscheint die Bedeutung jener innerlichen Tätigkeit, welche ein Operieren darstellt, in ihrem vollen Licht. Und erst dadurch drängt sich auch die Kontinuität auf, welche die Operationen mit der wirklichen Tätigkeit als Ursprung und Nährboden der Intelligenz verbindet. Nichts ist geeigneter, diese Perspektive zu beleuchten, als die Betrachtung jener Sprache – einer Sprache noch, aber rein intellektuell, durchsichtig und von den Täuschungen der anschaulichen Vorstellung befreit – nämlich der mathematischen Sprache. In irgendeinem mathematischen Ausdruck, z. B. ($x^2 + y = z - u$), bezeichnet jedes Glied letzten Endes eine Handlung: das Zeichen = drückt die Möglichkeit einer Substitution aus, das Zeichen + eine Verbindung, das Zeichen − eine Trennung, das Quadrat x^2 die x-malige Erzeugung von x und jeder der Werte u, x, y und z die Handlung, eine bestimmte Anzahl von Malen die Einheit zu reproduzieren. Jedes dieser Symbole bezieht sich also auf eine Handlung, die wirklich sein könnte, von der mathematischen Sprache aber nur abstrakt, als verinnerlichte Tätigkeit, d.h. als Operation des Denkens bezeichnet wird« (Piaget 1966, S. 38, 39).

Entsprechend verhält es sich mit der formalen Sprache der Logik. Die fundamentalen Operationen der Klassifikation und der Seriation (s. u. S. 86 f.) etwa bilden verinnerlichte abstrakt-schematisierte Handlungen – der *Vereinigung* unter bestimmten Kriterien gleicher und der *Trennung* unterschiedener Objekte oder der *Reihung* verschiedener Objekte nach bestimmten Kriterien, z. B. ihrer Größe.

»Der wesentliche Charakter des logischen Denkens besteht darin, daß es operativ ist, d. h. aus dem Tun hervorgeht, in dem es dieses verinnerlicht« (Piaget 1966, S. 40).

5.4.2.2 Das Strukturmodell der Gruppierung

Diejenige logisch-mathematische Struktur, die sich als beschreibendes Modell der realen Organisation des operatorischen Denkens und Erkennens nach Piagets Auffassung besonders gut eignet, stellt die *Gruppierung* dar. Piaget hat hier Merkmale der arithmetisch-mathematischen Struktur der »Klein'schen Gruppe« und des »Verbands« zu dem logisch-strukturellen Modell der Gruppierung vereinigt.

Unter einer *Gruppe* ist dabei eine abstrakte Struktur oder ein kognitives System zu verstehen, das durch eine spezifische Menge von Elementen sowie spezifische Operationen gekennzeichnet ist, bei deren Anwendung auf die Elementenmenge folgende vier Eigenschaften gegeben sind:

(1) *Komposition:* Das Ergebnis der Kombination jedes Elementes mit jedem anderen entsprechend der definierten Operation ist wieder ein Element derselben Gruppe.

Nimmt man als Beispiel die Menge der positiven und negativen Zahlen, die unter der Operation der Addition und Subtraktion (Operationen, die das Kind der konkret-operatorischen Stufe nunmehr zu realisieren vermag) eine Gruppe bilden, so ergibt jede Zahl addiert (subtrahiert) mit (von) jeder anderen wieder eine Zahl. Für logische Klassen hieße dies: eine logische Klasse A addiert mit (subtrahiert von) einer anderen logischen Klasse B ergibt wieder eine umfassendere (kleinere) logische Klasse C:

$$A + B = C \quad (A - B = C)$$

(2) *Assoziativität:* Die Kombination des Ergebnisses einer (vorangegangenen) Kombination der Elemente A und B mit dem Element C führt zum gleichen Ergebnis wie die Kombination von A mit dem Ergebnis einer Kombination von B und C:

$$(A \circ B) \circ C = A \circ (B \circ C)$$

Im Beispiel der positiven und negativen Zahlen unter der Operation der Addition:

$$(2 + 3) + 4 = 2 + (3 + 4)$$

Assoziativität bedeutet in einem allgemeineren Sinne, daß das Denken auf der konkret-operatorischen Stufe auf verschiedenen Wegen zum gleichen Ergebnis gelangen kann oder zu Umwegen fähig ist.

(3) *Identität:* Es existiert *ein und nur ein* Element, das Identitätselement, das mit jedem anderen Gruppenelement kombiniert dieses unverändert, identisch läßt:

A o X = A, B o X = B

Im angeführten Beispiel der positiven und negativen Zahlen unter der Operation der Addition und Subtraktion wäre dies Null:

1 + 0 = 1, 2 − 0 = 2 usw.

(4) *Reversibilität:* Für jedes Gruppenelement gibt es *ein und nur ein* Element, das inverse, das bei Kombination mit diesem Element das Identitätselement ergibt:

A o A' = X
1 + (−1) = 0, 2 + (− 2) = 0

Dies bedeutet, anders gesehen: für jede Operation gibt es eine Umkehr- oder inverse Operation (Addition/Subtraktion; Multiplikation/Division; Potenzieren/Wurzelziehen. Qualitative Entsprechung: Vereinigung/Trennung von logischen Klassen), die bei Anwendung das Ergebnis der ersten Operation aufhebt bzw. den operatorischen Prozeß umkehrt, zum Ausgangspunkt zurückführt.

Es wurde oben schon auf den zentralen Stellenwert, den Piaget dem hier angesprochenen Merkmal der Reversibilität für das operatorische Denken zuerkennt, hingewiesen (vgl. S. 81).

Diesen vier Eigenschaften, wie sie die arithmetisch-mathematische Struktur der Gruppe kennzeichnen, ordnet Piaget eine fünfte modifizierende zu, die »Tautologie« oder »spezielle Identitätsoperation«, und konstituiert so die logisch-qualitative Struktur der »Gruppierung«:

(5) *Tautologie* oder *spezielle Identität:* Um durch das strukturelle Kognitionsmodell der Gruppierung auch qualitative Operationen abbilden zu können, ergänzt Piaget die vier Eigenschaften des quantitativen, arithmetisch-mathematischen Strukturmodells der Gruppe durch das Merkmal der Tautologie oder der speziellen Identität. Dieses bildet den Sachverhalt ab, daß qualitative operatorische Elemente, wie etwa logische Klassen, sich durch Iteration oder Addition mit sich selbst nicht verändern, wie dies bei quantitativen operatorischen Elementen der Fall ist (1 + 1 = 2, 2 + 2 + 2 = 6), sondern identisch bleiben: logische

Klassen, die iteriert oder zu sich selbst (Tautologie) addiert werden, bleiben sich identisch:

A + A = A

Dasselbe ist der Fall bei Addition einer logischen Klasse mit ihren Unterklassen:

B + A = B

Eine Oberklasse verändert sich nicht, d. h. erweitert sich nicht, durch die Addition einer ihrer Unterklassen, die per definitionem immer schon in ihr enthalten ist: ein zwei-, dreifaches Enthaltensein ist logisch sinnlos. Piaget bezeichnet diese Relation zwischen Ober- und Unterklassen auch als Resorption. Jede logische Klasse bildet also ein Identitätselement für sich selbst (Tautologie) und für seine übergeordneten Klassen. Diesen Sachverhalt bezeichnet Piaget als »spezielle Identität« (im Unterschied zur generellen unter 3. beschriebenen Identität; vgl. Piaget 1942, 1949).

Zur Beschreibung spezifischer Bereiche des kognitiven Verhaltens auf der Stufe der konkreten Operationen zieht Piaget neun Unterarten oder Variationen der Grundstruktur der Gruppierung sowie zwei Spezialformen der Gruppe (arithmetische Operationen) heran, auf deren teilweise sehr speziellen Besonderheiten einzugehen den Rahmen dieses Buches sprengen würde (vgl. Piaget 1942, 1949; eine kurze und prägnante Einführung und Übersicht vermittelt Flavell 1963).

5.4.2.3 Grenzen der Abbildqualität mathematisch-algebraischer und formal-logischer Modellstrukturen

Die hier angeführten von Piaget herangezogenen logisch-arithmetischen Strukturen stellen *Modelle* dar, die das reale, lebendige operatorische Denken in einigen Grundzügen und wesentlichen Eigenschaften (Komposition, Assoziativität, Identität, Reversibilität, Tautologie oder spezielle Identität) mehr oder minder approximativ, nicht aber in seiner konkreten Gesamtheit und Komplexität abbilden.

Die bis heute verfügbaren und noch handhabbaren logisch-algebraischen Strukturen, so auch die von Piaget zur Beschreibung operatorischer Denkprozesse herangezogenen, stellen gegenüber der komplexen Realität immer hochabstrakte und damit partielle und vereinfachte Modelle dar (vgl. auch Buggle 1974, S. 155 ff.); sie werden nie der Gesamtheit der lebendigen psychischen Realität gerecht, bleiben immer wesentlich hinter dem psychisch-lebendigen Gesamtgeschehen zurück. Sie sind als quasi-ideale Ablaufsformen, als den immer komplexeren konkret beobachtbaren, tatsächlichen kognitiven Prozessen zugrunde liegende Basisstrukturen anzusehen, die in der psychischen Realität nur selten annähernd vollkommen realisiert werden.

»Da das Gleichgewicht in der Wirklichkeit niemals vollständig erreicht wird, so bleibt außerdem noch die ideale Form zu betrachten, die es hätte, wenn es sich verwirklichen ließe. Dieses ideale Gleichgewicht wird von der Logik axiomatisch beschrieben« (Piaget 1966, S. 187).

5.4.3 Die Periode der konkreten Operationen zentral kennzeichnende Operationssysteme

5.4.3.1 Logische und arithmetische Operationen: Klassifikation, Seriation, Zahlsysteme

Klassifikation: Zu den Operationstypen, die das kindliche Denken auf der Stufe der konkreten Operationen zentral kennzeichnen, und deren Erwerb auch die unabdingbare Voraussetzung gängiger schulischer Leistungen bildet, gehört die Klassifikation oder Klasseninklusion.

Das Kind kann nun Elemente, Gegenstände aufgrund abstrahierter gleicher Eigenschaften zu Klassen, mehrere Klassen zu Oberklassen verbinden und so hierarchische Systeme von über- und untergeordneten Klassen bilden; es kann entsprechend dem Merkmal der Reversibilität, das sein Denken nun zentral kennzeichnet, durch logische Subtraktion auch wieder von der Oberklasse zur Unterklasse zurückkehren usw.

Das Kind löst jetzt, im Unterschied zum Kind der voroperationalen Stufe, Aufgaben von folgendem Typ, die die Unterscheidung von Ober- und Unterklassen und die Bewältigung der Klasseninklusion voraussetzen, adäquat:

Vorgelegt werden B Holzperlen, wobei die Untergruppe A_1 (rote Perlen) und A_2 (grüne Perlen) verschiedenfarbig sind (Unterklasse $A_1 + A_2$ = Oberklasse B) und $A_1 > A_2$. Frage: Gibt es mehr Holzperlen (B) oder mehr rote Perlen (A_1)?

Seriation: Ein weiterer, das operationale Denken dieser Entwicklungsstufe nach Piaget zentral kennzeichnender Operationstyp ist die Seriation, d.h. die ordnende Reihung von Elementen nach einem bestimmten Kriterium, z.B. Größe.

Das Kind vermag nun nicht nur wie auf der voroperationalen Stufe

Paare nach bestimmten Relationen (z. B. A < B) zu erkennen bzw. zu bilden, sondern darüber hinaus größere Anzahlen von Elementen nach bestimmten Kriterien in eine geordnete Reihe zu bringen (A < B < C < D ...).
Es kann nun realisieren, daß ein Element gleichzeitig größer als das ihm vorhergehende und kleiner als das ihm nachfolgende sein kann. Es entdeckt das Prinzip der *Transitivität:* A < B, B <C, also A < C.
Ebenso vermag das Kind nun zwei oder mehr geordnete Reihen einander zuzuordnen, so daß dem Element A_1 in der ersten Reihe Element A_2 in der zweiten Reihe, A_n in der n'ten Reihe, dem Element B_1 Element B_2 entspricht: einer nach Größe geordneten Reihe von Spielzeug-Männchen kann es z. B. eine entsprechende Reihe von Stöcken oder Rucksäcken zuordnen (Piaget 1966, S. 162).
Kordination von Klasseninklusion und Seriation: Zahlsysteme: Durch die Koordination der Klasseninklusion und der Reihenbildung nach einer asymetrischen Beziehungsordnung zu einem »operativen Ganzen« (Piaget 1966, S. 163) bildet sich nach Piaget nunmehr das von Wahrnehmungsstrukturen zunehmend ablösbare und unabhängige Zahlsystem, das einerseits Eigenschaften der Klasseninklusion (1 ist in 2 enthalten, 2 in 4 usw.) wie der Seriation (1 < 2 < 3 < 4 ...) impliziert (Piaget und Szeminska 1941, deutsch 1965).

5.4.3.2 Räumlich-zeitliche oder »infralogische« Operationen

Die o.g. logischen (Klassifikation, Seriation) und arithmetischen (Zahlsystem) Operationen bilden aber nur einen Bereich, dessen kognitive Bewältigung durch das 7–8jährige und ältere Kind nach Piaget in den verschiedenen Varianten des Gruppierungsmodells abbildbar ist.
Einen weiteren Bereich bilden die räumlichen und zeitlichen oder »infralogischen« Operationen.
Während die logischen Operationen von den jeweiligen räumlichen und zeitlichen Positionen und deren Veränderung in Raum und Zeit abstrahieren und ihre jeweiligen Gegenstände nach qualitativen Merkmalen in Klassen und nach quantitativ-größenmäßiger Ausprägung in Reihen ordnen, beziehen sich die räumlichen und zeitlichen oder infralogischen Operationen unter Vernachlässigung der qualitativen Merkmale gerade auf die räumlichen und zeitlichen Positionen ihrer Gegenstände und deren Veränderung.
Der logischen Operation der Klasseneinschachtelung entspricht im *räumlichen Bereich* die Einschachtelung von Teilerstreckungen oder Teilräumen in jeweils hierarchisch aufsteigende umfassendere

Erstreckungen oder Räume. Der Reihenbildung entsprechen die verschiedenen asymmetrischen Ordnungsbeziehungen im Raum (ordnendes Plazieren nach bestimmten Kriterien, z. B. Entfernung), der arithmetischen Operation des Zählens das Messen räumlicher Erstreckungen, was die Aufteilung kontinuierlicher räumlicher Erstreckungen in diskontinuierliche Einheitsgrößen impliziert, dem Addieren und Subtrahieren die Addition oder Subtraktion von Längen oder räumlichen Maßen usw.

Analoges gilt für den *zeitlichen Bereich*. Der Erwerb eines objektiv-einheitlichen Zeitbegriffs setzt zunächst die Operationen der Reihung der Ereignisse nach ihrer zeitlichen Aufeinanderfolge (vorher – nachher) sowie der Unterteilung des kontinuierlichen Zeitflusses (Dauer: länger, kürzer) in hierarchisch ineinander verschachtelte (Sekunden sind in Minuten, Minuten in Stunden, Stunden in Tage usw. eingeschachtelt), durch zeitliche Einheitsstrecken meßbar gemachte Intervalle voraus, ferner die Synthese dieser beiden Operationssysteme oder der Aspekte der zeitlichen Aufeinanderfolge und der Dauer.

Diese Koordination, wegen der geringeren Anschaulichkeit zeitlicher Verhältnisse etwas später (im Alter von etwa 8 Jahren nach Piaget) als die entsprechende bei der Bildung des Zahlbegriffs realisiert, führt zur Bildung des Konzeptes einer einheitlichen, verschiedenste Bewegungsvorgänge zu den verschiedensten Zeiten umfassenden Zeit.

5.4.3.3 Operationssysteme im Bereich des moralischen und sozialen Verhaltens

Die nunmehr erreichten operatorischen Strukturen prägen nicht nur das logische, arithmetische und das zeitlich-räumliche Denken des Kindes, sondern auch die kognitive Bewältigung seiner übrigen Lebensbereiche.

So werden auch die zuvor häufig unkoordiniert und deshalb widersprüchlich-unstabil das kindliche *moralische* Verhalten bestimmenden Werte und Normen zunehmend hierarchisiert und gereiht und führen so zu einem *zunehmend* widerspruchsfreieren, stabileren und damit berechenbareren wertbezogen-moralischen Verhalten.

Operatorische Strukturen bestimmen generell auch zunehmend das *soziale* Verhalten des Kindes, seine Interaktion mit anderen Menschen.

Das formale Modell der Gruppierung ist nach Piaget geeignet, sowohl intraindividuell die gegenseitige Koordinierung der Operationen des einzelnen Individuums wie auch interindividuell die gegenseitige Koordinierung der Operationen verschiedener Individuen, die »Kooperationen«, adäquat zu beschreiben. Liegt ein wesentliches Merkmal operatorischen Denkens in der dezentrierenden Korrektur jeweils egozentrischer, illusionärer Wahrnehmungsperspektiven und unkoordinierter Inkonsistenzen und Widersprüchlichkeiten durch das Mittel der kompensierenden Koordination der zuvor isoliert-egozentrischen Gesichtspunkte, so kann sich diese Koordination ebenso auf die zuvor egozentrisch zentrierten verschiedenen Gesichtspunkte eines einzelnen wie auch verschiedener Individuen beziehen. Im letzten Falle wäre soziale Interaktion auf dem Niveau operatorischen Denkens realisiert.

Das effiziente operatorische Denken kann sich nur entwickeln in einer engen Wechselbeziehung zwischen der konstruktiven Aktivität des Individuums und der intensiven Förderung der operatorischen Aktivitäten des Individuums durch sozial-gesellschaftliche Wirkkräfte. Einerseits sind die vom einzelnen Individuum in die soziale Interaktion eingebrachten operatorischen Erwerbungen wie Widerspruchsfreiheit, Dezentrierung, Invarianzbegriffe und Reversibilität des Denkens Voraussetzungen einer effizienten, verläßlich-konsistenten Kommunikation und Interaktion; andererseits fördert die soziale Interaktion durch Konfrontation mit anderen Standpunkten, durch die Vermittlung invarianter Begriffe und der logischen Normen widerspruchsfreien Denkens und deren permanente soziale Kontrolle die weitere Ausbildung der operatorischen Voraussetzungen effizienter Kommunikation wieder in kaum zu überschätzendem Ausmaß.

»Die Gruppierung ist also eine Koordinierung der verschiedenen Gesichtspunkte und das heißt eine Koordinierung zwischen verschiedenen Beobachtern, und also eine Zusammenarbeit zwischen mehreren Individuen. Nehmen wir aber mit dem gesunden Menschenverstand an, daß ein außergewöhnlicher Mensch, indem er die Gesichtspunkte viele Male wechselt, sie von sich aus so weit koordinieren könnte, daß er zur Gruppierung gelangte ... es wäre ihm also gelungen, eine einfache ›Gesellschaft‹ zwischen seinen verschiedenen ›Ich‹ zu schaffen! In Wirklichkeit ist es gerade der ständige Gedankenaustausch mit den anderen Menschen, der uns diese Dezentrierung erlaubt und uns die Möglichkeit gibt, die den verschiedenen Gesichtspunkten entsprechenden Beziehungen innerlich zu koordinieren. Es wäre vor allem sehr schwer einzusehen, wie die Begriffe ohne die Zusammenarbeit ihren gleichbleibenden Sinn und ihre Definition beibehalten könnten. Die Reversibilität des Denkens ist also daran gebunden, daß sie im sozialen Austausch eingehalten wird, geschähe dies nicht, so besäße das individuelle Denken eine unendlich viel beschränktere Beweglichkeit« (Piaget 1966, S. 185).

5.4.4 Grenzen und Beschränkungen des konkret-operatorischen Denkens

War bislang vor allem von den Merkmalen des konkret-operatorischen Denkens, durch die es sich von der vorangehenden Stufe des voroperationalen Denkens abhebt, die Rede, so ist abschließend noch kurz auf die Beschränkungen einzugehen, durch die sich die Stufe der konkreten Operationen von der nachfolgenden der formalen Operationen unterscheidet.

Diese Beschränkung liegt im wesentlichen zunächst darin, daß sich das operatorische Denken auf dieser Stufe noch weitgehend auf konkrete Handlungen und Wahrnehmungen bezieht, sich von den jeweiligen konkreten Inhalten noch schwer lösen kann, um über den jeweiligen konkreten Inhalt oder Handlungsbezug hinaus zu abstrakt-generalisierten und formalisierten Strukturen aufzusteigen, die den jeweils konkreten Inhalt nur als Spezialfall aller hypothetisch möglichen Fälle einschließen. Die einzelnen konkreten Operationssysteme stehen auf der Stufe der konkreten Operationen noch relativ unkoordiniert nebeneinander. Strukturen des einen konkreten Handlungs- oder Inhaltsbereichs werden noch nicht stringent auf andere Bereiche übertragen. So wird die Masseninvarianz bei den oben angeführten Umschüttversuchen oder bei Versuchen, in denen Plastelin verformt wird, erst im konkreten Handlungsvollzug des Umschüttens oder des Verformens und noch nicht generell-formal realisiert. Die erworbene operatorische Struktur der Invarianz der Masse wird noch nicht simultan, sondern erst mit deutlicher, d. h. durchschnittlich etwa zwei- bis vierjähriger zeitlicher Verzögerung, auf andere inhaltliche Bereiche wie etwa Gewicht oder Volumen übertragen: die operatorische Struktur ist also noch sehr weitgehend von ihrem konkreten Inhalt bestimmt.

5.5 Die Periode der formalen-Operationen (ca. ab 11 Jahren)

5.5.1 Kennzeichnende Eigenschaften des formal-operatorischen Denkens

5.5.1.1 Zentrale Unerschiede zum konkret-operatorischen Denken

Die zuletzt unter 5.4.4 genannten Beschränkungen des konkret-operatorischen Denkens werden in der Periode des formal-operatorischen Denkens, die mit beträchtlicher intraindividueller, d. h.

bereichs- und situationsspezifischer, und interindividueller Variation (vgl. unten S. 100f.) etwa ab Vollendung des 11. Lebensjahres anzusetzen ist, zunehmend überwunden.
Das operatorische Denken löst sich (ein die ganze kognitive Entwicklung generell kennzeichnender Prozeß) immer deutlicher von der Bestimmung und engen Bindung an die jeweiligen konkreten Inhalte. Es schreitet immer mehr vom Konkret-Wirklichen zum viel umfassenderen Bereich des *Hypothetisch-Möglichen,* von den jeweiligen konkreten Inhalten zu immer inhaltsleereren, immer allgemeineren, immer *abstrakteren Formen und Strukturen,* vom räumlich-zeitlichen Hier und Jetzt zu *räumlich* und *zeitlich* immer *entfernteren* und umfassenderen Horizonten fort.
Gleichzeitig nimmt die *Systematisierung* und Integration zu immer umfassenderen Gesamtstrukturen weiter zu. Die in der Periode der konkreten Operationen noch weitgehend gegenseitig isolierten einzelnen Operationssysteme werden zunehmend zueinander in Beziehung gesetzt und zu sehr allgemeinen, Wirkliches wie Mögliches, räumlich und zeitlich auch sehr entfernte Vorgänge umfassenden Gesamtsystemen integriert.

5.5.1.2 Aussagenlogik und Operationen zweiten Grades

Die Ausweitung des Konkret-Realen auf das Mögliche, die Identifizierung des Wirklichen als Sonderfall des Möglichen ist *ein* wesentliches unterscheidendes Merkmal des formal-operatorischen Denkens gegenüber dem konkret-operatorischen Vorgehen.
Ein weiteres Merkmal liegt darin, daß sich das operatorische Denken nun nicht mehr nur unmittelbar auf die konkret-realen Objekte und Ereignisse als solche, sondern auch auf *Aussagen* über diese bezieht und diese Aussagen selbst zum Gegenstand des operatorischen Denkens macht.
Mit anderen Worten: Das Kind, der Jugendliche und der Erwachsene, der die Stufe des formal-operatorischen Denkens realisiert, unterzieht – explizit oder implizit – die in Sätze oder Aussagen gefaßten Ergebnisse konkreter Operationen (direkte Strukturierung konkret-anschaulicher Sachverhalte durch Klassifizieren, Reihen, Gleichsetzen, Zuordnen usw.) weiteren *Operationen zweiten Grades* (Aussagen über Aussagen), indem er *logische Verknüpfungen* (wie etwa Identität, Implikation, Konjunktion, Disjunktion usw.) *zwischen ihnen* herstellt und sie so zu einem formal-operatorischen Gesamtsystem mit bestimmten neuen Merkmalen integriert. Die *Aussagenlogik* wird so der allgemeine Rahmen für die Klassen- und Relationslogik (vgl. auch Wetzel 1980, S. 244).

5.5.1.3 Einbeziehung des Möglichen und hypothetisch-deduktives Vorgehen

Der umfassenden Einbeziehung des *Möglichen* entspricht ein weiteres zentrales methodisches Kennzeichen des formal-operatorischen Denkens, die jetzt immer stärker zu beobachtende *hypothetisch-deduktive* Vorgehensweise als Königsweg und konsequente Strategie, das jeweils *Wirkliche im Kontext des Möglichen zu bestimmen.*

Das Mögliche, in einem Satz von Hypothesen gefaßt, ob in strengerer wissenschaftlicher Form oder im Alltags(sprachlichen)-Denken, in den nun vermehrt auftretenden »Wenn ..., dann-« oder »Was wäre, wenn ...«- oder »Es könnte sein, daß ...«-Sätzen ausgesprochen oder gedacht, wird nun zunehmend durch experimentelle Überprüfung als wirklich *bestätigt* oder als nicht wirklich *falsifiziert.*

Während das Kind der konkret-operatorischen Stufe seine operatorischen Kenntnisse unmittelbar im Umgang mit den konkreten Realitäten (klassifizieren, reihen, gleichsetzen, zuordnen usw. wirklicher, konkreter Gegenstände und Sachverhalte) gewinnt, ist das Kind oder der Jugendliche auf dem formal-operatorischen Niveau in der Lage, die Gegenstände seiner Operationen als hypothetisch-mögliche zu antipizieren und sie dann im Nachhinein experimentell auf Wirklichkeit zu testen (vgl. auch Peel 1965, Elkind 1966, Mosher und Hornsby 1971).

Das Kind der konkret-operatorischen Stufe verwendet den Bereich des Möglichen noch sehr reduziert auf eine »bloß virtuelle Fortsetzung der Aktionen und Operationen« (Piaget u. Inhelder 1977, S. 237), durch die es die jeweils konkret-aktuellen Tatsachen operatorisch-strukturell organisiert: eine Klassifikation impliziert virtuell die Einbeziehung im Augenblick noch nicht konkret präsenter, aber künftig möglicherweise begegnender Objekte, die Seriation schließt virtuell die Weiterführung und Ausweitung auf möglicherweise noch in das Wahrnehmungsfeld des Kindes tretende Gegenstände ein usw.

»Das konkrete Denken bleibt grundsätzlich im Wirklichen verhaftet, und das System der konkreten Operationen ... kommt erst ... zu einem Begriff des ›Möglichen‹, der das Wirkliche bloß (und nur wenig) verlängert« (Piaget u. Inhelder 1977a, S. 238).

Es könnte dem mit Kindern und Kinderpsychologie Vertrauten auf den ersten Blick so scheinen, als läge hier, in der Aussage, daß erst das formal-operatorische Denken durch die Ausweitung über das Wirkliche hinaus auf das Mögliche gekennzeichnet sei, ein Widerspruch zu der bekannten Tatsache, daß sich gerade bei Kindern der früheren kognitiven Entwicklungsstufen eine ausgesprochen stark entwickelte, noch wenig durch das Wirkliche gezügelte Phantasietätigkeit (Gefallen an phantastischen Geschichten, Erzählungen, Märchen usw.) beobachten läßt, offenbar also doch eine starke Determination des kindlichen Denkens durch das Unwirkliche.

Dieses »Unwirkliche« darf aber *nicht* mit dem »Möglichen« des formal-operatorischen Denkens gleichgesetzt werden; denn gerade im Charakter des Phantastischen, des Ungezügelt-Willkürlichen und so häufig auch Widersprüchlichen liegt der entscheidende Unterschied des kindlich-unreifen »Nichtwirklichen« zum »Möglichen« des formal-operatorischen Denkens: »Der Bereich des Möglichen, den das formale Denken erreicht, hat selbstverständlich nichts mit Willkür oder mit Phantasie bar jeder Regel und jeder Objektivität zu tun« (Piaget u. Inhelder 1977a, S. 243).

Das Mögliche der formal-operatorischen Stufe ist vielmehr zentral gekennzeichnet durch seine logisch-objektivierende Zielsetzung und Unterwerfung unter die logische Notwendigkeit. Das formal-operatorische Mögliche ist das *logisch Mögliche:* »Möglich ist alles das, was nicht widersprüchlich ist« (Piaget u. Inhelder 1977a, S. 245).

»Diese Synthese des Notwendigen und des Möglichen charakterisiert den Gebrauch dieses Möglichen im formalen Denken, im Gegensatz zum Möglichen des konkreten Denkens, das auf die Ausdehnung der Wirklichkeit beschränkt ist, und zu den nicht näher umschriebenen Möglichkeiten der Fiktionen der Phantasie« (Piaget u. Inhelder 1977, S. 245).

5.5.1.4 Kombinatorik

Exemplarisch und in weiteren Merkmalen besonders deutlich wird das hypothetisch-deduktive Vorgehen am Fall der natur-oder erfahrungswissenschaftlichen *Kausalanalyse,* die besonders kennzeichnend für das formal-operatorische Denken ist.

Liegt ein bestimmter Effekt vor, und soll die Frage nach den kausalen Faktoren, die diesen Effekt hervorbringen, beantwortet werden, so wird das Kind oder der Jugendliche der formal-operatorischen Stufe zunächst alle *möglichen* als Wirkfaktoren in Frage kommenden Variablen zu identifizieren und als einzelne oder in den je möglichen Kombinationen in ihrer kausalen Wirkung zu isolieren versuchen.

Die kausale Wirkung der jeweils isolierten Variablen oder Variablen-Kombinationen kann nun durch Aufhebung des möglichen

Wirkeffektes und der anschließenden Beobachtung des Ergebnisses dieser Aufhebung erfolgen.
Eine bestimmte Wirkung kann sowohl durch Negation *(Inversionsreversibilität)*, also die Aufhebung oder Rückgängigmachung der jeweiligen möglichen Wirkursache (z. B. Wegnehmen des Gewichtes von einer Waagschale) als auch durch Neutralisation *(Reziprozitätsreversibilität)*, also die Aussteuerung, Gegensteuerung durch kompensierende Gegenkräfte (Verlängerung des Waagebalkens auf der Gegenseite) aufgehoben werden. Der gezielte Umgang mit beiden Möglichkeiten, Wirkfaktoren zu kontrollieren, wird durch die nunmehr erreichte Fähigkeit zum *integrierten* (und nicht mehr nur jeweils isolierten) *Umgang mit beiden Arten der Reversibilität*, der Inversions- und der Reziprozitätsreversibilität, in hohem Ausmaß erleichtert: derselbe Effekt der Aufhebung einer Wirkung kann auf verschiedenen Wegen erreicht werden.
Das folgende Beispiel kann das Gesagte veranschaulichen (vgl. Piaget u. Inhelder 1977a, S. 273):
Besitzt ein langer Messingstab eine größere Biegsamkeit als ein kurzer Stahlstab gleichen Durchmessers, so läßt sich, da die beiden möglichen Wirkfaktoren Länge und Metallart, konfundiert sind, nicht entscheiden, ob die größere Biegsamkeit auf den Faktor Länge oder/und Metallart zurückgeht.
Den Kindern auf der konkret-operatorischen Stufe gelingt es nicht nur nicht, die beiden Faktoren voneinander zu trennen, um ihre Wirkung als einzelne und/oder in Kombination festzustellen, sie denken noch nicht einmal daran.
»Die Prüflinge der formalen Stufe hingegen wissen..., daß man den Faktor Länge ausschalten muß, wenn man die Rolle des Metalls zeigen will, und umgekehrt, wobei der verbleibende Faktor durch Hinzufügungen oder Wegnahmen variiert wird. Sie wissen zudem, daß man den nicht analysierten Faktor nicht nur dadurch ausschalten kann, daß man ihn unterdrückt, falls seine Natur es erlaubt, sondern auch in dem man ihn durch eine einfache Gleichsetzung neutralisiert, wenn seine Natur eine vollständige Auslassung ausschließt: sie lassen deshalb die Länge gleich, um die Rolle des Metalls zu untersuchen, und umgekehrt« (Piaget u. Inhelder 1977a, S. 273).
Diese operatorische Arbeit setzt sich fort, da die Faktoren Länge und Metallart keineswegs die beiden einzigen sein müssen, die die Biegsamkeit determinieren. Andere möglichen Faktoren, wie Durchmesser, Querschnittsform usw. müssen beachtet, identifiziert und ihre jeweilige Wirkung durch die verschiedenen Inversions- und Reziprozitätsprozeduren festgestellt werden. Auch da-

mit sind aber keineswegs alle Möglichkeiten determinierender Kausalstrukturen erschöpft. Verallgemeinert man das eben angeführte Beispiel (z. B. auf den Bereich chemischer Effekte), so kann es sein, daß (nur) die gleichzeitige Einwirkung mehrerer Faktoren die betreffende Wirkung erzielt oder durch Entgegenwirken ausschließt, so daß, logisch gesehen, im Rahmen der dem Jugendlichen jetzt immer mehr möglichen Kombinatorik eine *Vielfalt von Interrelationen* (Implikationen, Äquivalenzen, Konjunktionen, Disjunktionen, Exklusionen usw.) zwischen den einzelnen Wirkfaktoren in Betracht zu ziehen sind.

5.5.2 Spezifische formal-operatorische Schemata

5.5.2.1 Proportionalität, Wahrscheinlichkeit und Korrelation

Aus den dargestellten Grundeigenschaften des formal-operatorischen Denkens ergibt sich die Herausbildung einiger weiterer für diese kognitive Entwicklungsstufe charakteristischer Schemata. Auf dem Schema der Kompensationen baut sich das Schema der *Proportionen* als Ausdruck der Äquivalenz des Verhältnisses zwischen jeweils zwei Größen auf:

». . . allen Formen der Proportionalität, die der Prüfling gefunden hat, ist gemeinsam, daß Kompensationsurteile mitwirken. Sobald der Prüfling begreift, wenn er zwei unabhängige Variablen vor sich hat, daß die Vergrößerung der einen dasselbe identische Ergebnis wie eine Verkleinerung des anderen zur Folge hat, konstruiert er das qualitative Schema der Proportionalität. Die Struktur der Proportionen enthält nämlich immer ein Element der Kompensation: hat man $x/y = x'/y'$, so stellen die Produkte $x \cdot y' = y \cdot x'$ ein System von Kompensationen dar, und zwar derart, daß jede Veränderung des Wertes von x, falls die Gleichheit erhalten bleiben soll, durch die Veränderung mindestens eines der anderen Glieder kompensiert werden muß« (Piaget u. Inhelder 1977a, S. 208, 209).

Im o.a. Beispiel der Hebelwaage etwa kann das formal-operatorisch denkende Kind das Schema der indirekten Proportion zwischen den Gewichtsgrößen und den Abständen vom Waagebalken-Drehpunkt finden, wenn es erkennt, daß eine Vergrößerung des jeweiligen Gewichts denselben Effekt hervorruft wie eine Vergrößerung des Abstandes vom Waagebalken-Drehpunkt (auf derselben Waagebalkenseite) und folglich durch eine Verkleinerung des Abstandes kompensiert werden kann (Piaget u. Inhelder 1977a, S. 209).

Eine weitere Errungenschaft dieser kognitiven Entwicklungsstufe ist das Konzept der *Wahrscheinlichkeit* als »einer Beziehung zwischen den verwirklichten und den möglichen Fällen« (Piaget u. Inhelder 1977, S. 213) sowie das eng mit den Schemata der Proportionen wie der Wahrscheinlichkeit zusammenhängende Konzept der *Korrelation* für Erfassung und Beschreibung von systematischen (z. B. Kausal-)Relationen, die sich mit Zufallsverteilungen überlappen und so teilweise verundeutlicht sind (vgl. Piaget u. Inhelder 1977a, S. 311 ff.).

5.5.2.2 Koordination mehrerer Bezugssysteme und Relativität von Bewegung

Ebenso ist dem Kind oder Jugendlichen auf dieser Entwicklungsstufe aufgrund der nunmehr erworbenen kognitiven Gesamtstruktur möglich, *zwei Bezugssysteme zu koordinieren* und die *Relativität von Bewegungen* oder *Geschwindigkeiten zu erfassen* und kognitiv zu bewältigen. Folgendes Beispiel mag den Sachverhalt verdeutlichen:

»Gegeben sei eine Schnecke, die sich auf einem Brett bewegt, auf dem Bewegungen in derselben Richtung wie die Schnecke oder in der Gegenrichtung aufgezeichnet sind. Die Kinder der Stufe der konkreten Operationen begreifen durchaus, daß die Schnecke von links nach rechts kriechen und dann durch eine inverse Operation, die die erste aufhebt, von rechts nach links zurückkriechen kann. Sie sehen ebenso ein, daß eine Bewegung des Brettes, falls die Schnecke unbeweglich ist, von links nach rechts die Schnecke an den gleichen Ort (in bezug auf die äußeren Bezugspunkte) bringt, als ob sie selbst vorwärts gekrochen wäre, und daß die umgekehrte Bewegung sie an den Anfangsort zurückbringt. Aber erst auf der Stufe der formalen Operationen erhält man Antizipierungen, die beide Bewegungsarten zugleich berücksichtigen, denn es müssen zwei Bezugssysteme, ein bewegliches und ein unbewegliches, untereinander koordiniert werden. Schwierigkeiten bereitet z. B. das Verständnis, daß eine Bewegung der Schnecke von links nach rechts durch eine Verschiebung des Brettes von rechts nach links kompensiert werden kann, wobei die Schnecke (in bezug auf das nichtbewegte Bezugssystem) an Ort und Stelle bleibt, ohne in der Gegenrichtung zurückgekrochen zu sein« (Piaget u. Inhelder 1977a, S. 305)

Die Bewältigung dieses Sachverhaltes wird wieder ermöglicht durch die der formal-operatorischen Stufe eigene Fähigkeit, Inversions- und Reziprozitätsreversibilität nicht, wie auf der konkret-operatorischen Stufe nur möglich, jeweils isoliert, sondern koordiniert in einer kognitiven Gesamtstruktur einzusetzen.

Zur Erfassung der angeführten Situation müssen Inversionsvorgänge, also die Aufhebung der Bewegung, wenn die Schnecke von B nach A zurückkriecht, nachdem sie zuvor von A nach B gekrochen war, mit kompensierenden Reziprozitätsbeziehungen – wenn die Schnecke von A nach B kriecht, während gleichzeitig das Brett von B nach A verschoben wird – koordiniert werden. Es muß somit die Koordination zweier Systeme geleistet werden, von denen beide eine direkte (Bewegung von A nach B) und eine inverse (Bewegung von B nach A) Operation implizieren, wobei das eine System zum anderen in einer kompensierenden Reziprozitätsbeziehung (erstes System: A nach B; zweites System: B nach A usw.) stehen kann.

5.5.3 Beschreibung des formal-operatorischen Denkens durch formal-logistische Sprachmittel

Zur Beschreibung wichtiger Grundstrukturen des formal-operatorischen Denkens zieht Piaget wieder formale Sprachmittel heran, auch in diesem Falle nicht arithmetisch-statistische, wie sie in der zeitgenössischen psychologischen Forschung ganz überwiegend eingesetzt werden, sondern in erster Linie *logistische Kalküle,* da diese nach seiner Auffassung tiefer als arithmetische oder statistische Kalküle ins Innere der formal-operatorischen Strukturen vordringen und nicht nur die aus ihnen resultierenden Endleistungen oder ihre mehr oder weniger äußerlichen Vorbedingungen erfassen (Piaget und Inhelder 1977a, S. 258).

Das logistische Kalkül, welches neben einer Reihe spezieller Kalküle, die jeweils der Lösung spezieller Probleme zugrunde liegen (vgl. u. S. 98), das Denken des Kindes und Jugendlichen auf der formal-operatorischen Stufe in seinen Grundstrukturen nach Piaget am adäquatesten zu beschreiben vermag, bildet zum einen die *Klein'sche* (INRC-)*Vierergruppe,* deren Elemente vier Transformationen von Aussagen bilden:

- I = Identität: (Aussage bleibt identisch)
- N = Negation: (Affirmationen werden Negationen und umgekehrt, Konjunktionen werden Disjunktionen und umgekehrt)
- R = Reziprozität: (Affirmationen werden Negationen und umgekehrt, Konjunktionen und Disjunktionen bleiben unverändert)
- C = Korrelativität: (Konjunktionen werden Disjunktionen und umgekehrt, Affirmationen und Negationen bleiben unverändert)

Bedeutsam ist hier u.a., daß dieses formale Modell die dem Kind bzw. Jugendlichen jetzt mögliche *integrierte* Verwendung der Negations- wie der Reziprozitätsreversibilität in einem operatorischen Gesamtsystem abbildet.

Die zweite Grundstruktur stellt der Verband dar, der ein erschöpfendes Netzwerk der verschiedenen hypothetischen kausal-relationalen Möglichkeiten und deren jeweils möglichen Kombinationen beschreibt und so nach Piaget das *kombinatorische* Vorgehen, wie es das formal-operatorische Denken zentral kennzeichnet, in seiner Grundstruktur adäquat abbildet.

Ergänzend zur Klein'schen Vierergruppe und dem Verband, die nach Piaget in mehr universell-umfassender Weise die Basisstrukturen des formal-operatorischen Denkens beschreiben, zieht Piaget eine Reihe weiterer *spezieller* Strukturen formal-operatorischer Schemata (z. B. Proportionalität, Wahrscheinlichkeit, Korrelation u. a., s.o. S. 95 f.) zur Beschreibung des Lösungsweges begrenztspezieller Probleme heran. Vertiefende Ausführungen zur Frage der logistisch-formalen Modelle des formal-operatorischen Denkens finden sich bei Piaget (1952, Piaget u. Inhelder 1977 a) sowie bei Flavell (1963).

5.5.4 Generelle Merkmale des jugendlichen Denkens

5.5.4.1 Stärkere Ausrichtung auf Allgemein-Abstraktes, Hypothetisch-Mögliches und Alternativ-Soziales

Die aufgezeigten Grundmerkmale der formal-operatorischen Denkstufe lassen sich über die hier angeführten (vornehmlich physikalischen) Anwendungsbereiche und Beispiele hinaus zu einer generelleren Kennzeichnung der jugendlichen Denkstrukturen und Inhalte, etwa auch im personalen, sozial-gesellschaftlichen und kulturellen Bereich, heranziehen.

So ist das Denken des Heranwachsenden auch im personalen, sozial-gesellschaftlichen und kulturellen Bereich durch die zunehmende Überschreitung des konkret-unmittelbaren Gegenwärtig-Wirklichen, auf das das jüngere Kind noch ganz überwiegend ausgerichtet ist, zum zeitlich und räumlich Entfernten, zum Abstrakt-Allgemeinen und zum Hypothetisch-Möglichen gekennzeichnet.

Der Jugendliche der formal-operatorischen Stufe entwickelt oder beschäftigt sich zunehmend mit individuell-persönlichen wie gesellschaftlichen weitreichenden Lebens- und *Zukunftsentwürfen*. Zu der häufig als unbefriedigend und verengt empfundenen persönlichen und gesellschaftlichen Realität werden alternative Möglichkeiten in Form von Lebensplänen oder *Idealen* entwickelt, die

häufig in die Struktur abstrakter gesellschaftlicher oder philosophischer Systementwürfe eingearbeitet werden.
Auf diese teilweise sehr abstrakten Ideen richtet der Heranwachsende einen großen Teil seiner affektiven Energie; Reformideen etwa bleiben keineswegs theoretisch distanziert, sondern sind häufig mit einem starken emotional-motivationalen Potential ausgestattet.

5.5.4.2 Jugendlicher Egozentrismus und sein Abbau

Diese emotional-motivationale Besetzung wird noch verstärkt durch den mit Eintritt in die formal-operatorische Stufe erneut verstärkt sich zeigenden *Egozentrismus* (Piaget u. Inhelder 1977a), Piaget 1969, vgl. auch Elkind 1967).
Nach Piaget intensiviert sich mit dem Erreichen einer neuen kognitiven Ebene zunächst der im ganzen mit zunehmendem Alter sich verringernde Egozentrismus, bezogen jeweils auf die neue erschlossene Erkenntnisebene. Dieser Sachverhalt ist zu beobachten, wenn das Kind mit ca. zwei Jahren die Symbolfunktion erwirbt und sich so außer der vertrauten sensomotorischen Welt einem ungleich erweiterten Universum innerer Repräsentationen gegenübersieht; dies ist wieder der Fall, wenn der Heranwachsende in das kognitive Feld des Hypothetisch-Möglichen mit all seinen bislang beschriebenen Implikationen eintritt.
Wieder findet sich auf einer höheren Stufe die die egozentrische Haltung kennzeichnende mangelnde Unterscheidung zwischen Ich und Umwelt und, daraus folgend, eine Überschätzung der eigenen sozialen Bedeutsamkeit und Wirkmöglichkeit, die (wie schon auf einer früheren Ebene im Falle des jüngeren, langsam zum konkretoperatorischen, dezentrierten Denken findenden Kindes) erst durch einen sehr verzögerten, mühsamen und häufig schmerzhaften Dezentrierungsprozeß von zunehmend größerer Objektivität und sozialer Reziprozität abgelöst werden.
Hierbei spielt der *kommunikative Austausch* mit anderen Menschen eine große Rolle (insbesondere, aber nicht ausschließlich, mit Gleichaltrigen), der sich als Wechselwirkungsprozeß darstellt: Die Fähigkeit, auch Hypothetisch-Mögliches in Betracht zu ziehen, verstärkt die Fähigkeit, sich »hypothetisch« in die Standpunkte anderer Menschen »einzudenken«, so daß diese zunächst fremden Perspektiven im Sinne einer Dezentrierung des eigenen Standpunktes wirksam werden können. Dies erhöht wieder die oben beschriebene Fähigkeit, hypothetisch andere Standpunkte nachzuvollziehen. Die Kommunikation mit anderen Menschen und die Konfrontation mit ihren jeweils verschiedenen Perspektiven, sei es direkt oder indirekt, etwa in Form von Büchern o.ä., ist also auch hier als

wesentlicher Motor der objektivierenden Dezentrierung, die nach Piaget zum eigentlichen Erwachsenenalter führen soll, anzusehen.

5.5.4.3 Neigung zum deduktiven Denken

Mit dieser zunächst noch sehr unvollkommenen Unterscheidung zwischen Ich und Umwelt, Subjektivem und Objektivem, dem auch wissenschaftsgeschichtlich zu beobachtenden nur sehr langsamen Abbau der entsprechenden Egozentrik hängt für Piaget ein sowohl wissenschaftsgeschichtlich wie individuell-ontogenetisch zu findendes, in seinen gerade auch wissenshistorischen Auswirkungen sehr bedeutsam anzusehendes Phänomen zusammen: die eigentümliche zunächst vorwiegende *Bevorzugung der Deduktion* gegenüber der Induktion:

»Wie kommt es also – und das ist das Problem –, daß der Heranwachsende, der gleichzeitig zur Deduktion und zur Induktion befähigt wird, der Deduktion ein solches Gewicht beimißt und erst so spät darauf verfällt, ... die Induktion zu verwenden? Es handelt sich dabei übrigens nicht nur um ein ontogenetisches, sondern auch um ein historisches Problem: Weshalb haben sich die Griechen (von einigen Ausnahmen abgesehen) darauf beschränkt, zu denken und abzuleiten, und weshalb hat die auf die Physik ausgerichtete moderne Naturwissenschaft so viele Jahrhunderte benötigt, bis sie sich durchsetzen konnte?

Um ein solches Problem (wir sprechen hier nur vom Heranwachsenden) zu lösen, muß man unserer Meinung nach außer auf die Entwicklung des formalen Denkens unbedingt auch auf die relative Nichtunterscheidung zwischen Subjekt und Objekt zurückgreifen, von der auf dieser neuen Ebene diese Aktivierung des formalen Denkens begleitet ist, und auf die anschließende mühselige und langwierige Dezentration, die eine gewisse soziale Zusammenarbeit und die fortschreitende Unterordnung unter eine effektive Arbeit nach sich ziehen« (Piaget u. Inhelder 1977a, S. 234, 335).

5.5.5 Bedingungen der Ausbildung formal-operatorischer Denkstrukturen

Abschließend muß noch einmal darauf hingewiesen werden, daß das Erreichen der hier beschriebenen, nach Piaget höchsten kognitiven Entwicklungsstufe ein *Kann*, keineswegs aber ein biologisch notwendiges Muß darstellt. Zwar stellt für Piaget die weithin altersbedingte Reifung der zugrunde liegenden neuralen Strukturen die notwendige, keineswegs aber hinreichende Bedingung der tatsächlichen Realisierung der hier beschriebenen formal-operatorischen Vorgehensweisen dar. Diese hängt vielmehr weitgehend, und dies gilt ebenso für ganze Kulturen wie für einzelne Individuen und bei denselben Individuen wieder für verschiedene Bereiche des kognitiven Universums, von den jeweils durch die *Umwelt* gestellten *Erfordernissen* und anderen *soziokulturellen Faktoren* ab (vgl. auch Tomlinson-Keasy 1972).

»Kurz, die Reifung des Nervensystems ist alles andere als eine Quelle ›angeborener Vorstellungen‹, die fix und fertig gegeben sind, sondern sie bestimmt bloß die Gesamtheit der Möglichkeiten und der Unmöglichkeiten auf einer gegebenen Stufe, und ein gewisses soziales Milieu ist für die Aktualisierung dieser Möglichkeiten durchaus unerläßlich. Diese Aktualisierung kann aufgrund von kulturellen und erzieherischen Bedingungen beschleunigt oder verzögert werden: sowohl die Ausformung des formalen Denkens als auch das Alter der Adoleszenz im allgemeinen, d. h. der Einfügung des Individuums in die Gesellschaft der Erwachsenen, bleiben somit ebensosehr von sozialen Faktoren wie von den neurologischen Faktoren abhängig« (Piaget u. Inhelder 1977a, S. 324).

Wieweit also die formal-operatorische Stufe in verschiedenen soziokulturellen Umwelten, bei verschiedenen Individuen und bezogen auf jeweils spezifische Erkenntnisfelder realisiert wird, muß jeweils im Einzelfall festgestellt werden. Vorläufig überwiegen hier immer noch weithin mehr oder minder pessimistische oder optimistische Meinungen gegenüber empirisch ermittelten Daten.

6. Kritische Würdigung der Entwicklungspsychologie J. Piagets

6.1 Spannweite, Komplexität und Heterogenität

Das Werk J. Piagets, objektiviert in weit über vierhundert Veröffentlichungen, stellt nicht nur quantitativ eine der umfangreichsten Leistungen dar, die im Bereich der wissenschaftlichen Psychologie in neuerer Zeit hervorgebracht wurden, es ist auch qualitativ von großer Vielfalt und Komplexität.

Das macht es nicht leicht, etwas Allgemeingültiges im Sinne einer kritischen Gesamtwürdigung zu sagen. Denn gerade die Heterogenität des Piaget'schen Werkes macht es sehr schwierig, bewertend seine Vorzüge und Mängel abzuwägen. Begeisterungswillige, eine unfehlbare Identifikationsfigur suchende Wissenschafts-›Jünger‹ wie auch nur nach kritischen Punkten und Mängeln Ausblick haltende Wissenschaftsinquisitoren haben es gleichermaßen schwer mit Piaget (ein menschlich eher sympathischer Zug des großen Schweizers), zu einem eindeutig und ausschließlich positiven oder negativen Urteil zu kommen; es bedürfte dazu eines sehr entwickelten inneren Einengungs- und Abblendvermögens.

Wer sich möglichst offen dem Piaget'schen Werk stellt, der wird sowohl immer wieder fasziniert und angetan sein von der immer wieder sich manifestierenden Genialität, von Einfallsreichtum und Kreativität in Fragestellungen, Theoriebildung und Methodik, er wird aber auch immer wieder Anstoß nehmen, ja sich ärgern über Mängel und Defizite; um so mehr, als sie zu einem guten Teil ohne allzu große Schwierigkeiten vermeidbar erscheinen (auch so gesehen ist die Entwicklungspsychologie Piagets ein ›reiches‹ Werk, das den Leser vor Einseitigkeit und Armut seiner Gefühlsregungen bewahren kann). Gerecht werden kann man dem Piaget'schen Werk, Nutzen daraus ziehen, sich und seiner Arbeit die reichen Früchte des Piaget'schen Denkens und Forschens zum Gewinn machen kann man nur, wenn man diese Ambivalenz und Doppelgesichtigkeit zu ertragen vermag, ohne in schwärmerisch-positive oder überkritisch-negative Einseitigkeit zu verfallen. So kann es hier nur darum gehen, einige wenige ausgewählte Anregungen zur eigenen kritischen Rezeption des Piaget'schen Werkes, zum eigenen ergänzenden Weiterdenken zu vermitteln.

Das Werk Piagets zur Entwicklungspsychologie der Kognition stellt den bislang umfassendsten wie auch differenziertesten Versuch dar, die Entwicklung des menschlichen Erkennens in der Ontogenese von der Geburt bis zum Erwachsenenalter und in den historisch zugänglichen Entwicklungsphasen der kollektiven Wissensgeschichte empirisch aufzudecken und theoretisch zu verarbeiten. Nur wer sich die Komplexität dieses Gegenstandsbereiches bewußt gemacht hat, kann die Schwierigkeit eines solchen Unterfangens abschätzen und das Verdienst Piagets, das sich in einer ungemein umfangreichen und detaillierten sechzigjährigen Lebensarbeit manifestiert hat, würdigen.

Piaget ist es gelungen, in ein noch weithin dunkles und unbekanntes Gebiet ein erstes Netz von empirisch mehr oder minder gesicherten Strukturen zu legen. Der weiterführenden und kritischen Forschung auf dem Gebiet der Entwicklungspsychologie des menschlichen Erkennens ist damit ein erster Orientierungsrahmen, ein reiches Potential an anregenden und ausrichtenden Hypothesen und Ausgangspunkten gegeben worden. Daß dieses kognitive Netz noch lückenhaft ist und von Punkt zu Punkt die überaus komplexe Realität unterschiedlich adäquat abbildet, wird unten noch auszuführen sein.

6.2 Relevanz im Hinblick auf eine verbesserte Selbsterkenntnis und Selbststeuerung des Menschen

Der Wert des Piaget'schen Werkes dürfte nicht nur in seiner Qualität als Bezugsrahmen und reich fließende Hypothesenquelle für die wissenschaftliche Forschung zur kognitiven Entwicklung zu sehen sein, sondern ebenso auch in seinem Beitrag zu einem besseren Selbstverständnis des Menschen.

Wie sind Eigentümlichkeiten des menschlichen Denkens aus ihrer Genese heraus besser zu verstehen und aus diesem verbesserten Verständnis heraus, insbesondere soweit sie inhumane und/oder schädlich-bedrohende Aspekte implizieren, effizienter zu kompensieren?

Die schockierende Tatsache, daß der Homo sapiens, die Eigentümlichkeiten seines Denkens und Handelns, zur Hauptgefahrenquelle für das Überleben seiner eigenen Gattung und darüber hinaus eines großen Teils des irdischen Lebens geworden sind, kann die Relevanz dieses Forschungsbereichs und seines möglichen – zumindest partiellen – Beitrags zum Gewinn des Wettlaufs zwischen der noch weitgehend unreifen psychischen Verfassung des Menschen und seinen instrumentellen Möglichkeiten zur Schädigung und Ver-

nichtung seiner eigenen und der Existenz anderer Lebewesen bewußt machen.
Ein Beispiel für das unter diesem Aspekt noch weitgehend unausgeschöpfte Potential der Piaget'schen Forschungsarbeit könnte etwa das von ihm als zentrales Merkmal des unreifen Denkens herausgearbeitete Konzept des *Egozentrismus* darstellen. Nicht zuletzt durch die offensichtliche egozentrische Unfähigkeit vieler Politiker der bestimmenden Weltmächte und zu einem großen Teil auch der sie tragenden Bevölkerungsteile, von der eigenen Weltperspektive dezentrierend absehen zu können und sich in den Standpunkt des jeweiligen Gegners zu versetzen, einsehen zu lernen, daß das überaus komplexe Weltgeschehen, seine Bewertung und damit die Handlungsmotivation unter einer anderen Perspektive und anderen kognitiven Prämissen ganz anders aussehen können, daß also durchaus andere als »böse« (= nicht die eigenen, von mir nicht nachzuvollziehenden) Motive hinter dem Handeln des jeweilig Andersdenkenden stehen können, dieser noch sehr verbreitete unreife politisch-ideologische Egozentrismus dürfte mit (neben anderen Gründen; auch hier gilt es dezentriert zu denken und sich vor zu einfach – einseitigen, monokausalen Erklärungen zu hüten) zu der Anhäufung des bis vor kurzem so bedrohlichen Konfliktpotentials zwischen den großen ideologisch verschiedenen Machtbereichen geführt haben.
Darüber hinaus fällt es bei dezentriert-distanzierter Betrachtung auf, daß gerade die weltanschaulichen, ideologisch-steuernden kognitiven Strukturen auch bei erwachsenen und führend-einflußreichen Personen im Vergleich mit den technisch-instrumentellen häufig noch viel ausgeprägter Merkmale unreif-voroperationalen Denkens zeigen (Buggle, 1992); offensichtlich liegt hier u. a. wegen der höheren Schwierigkeit der gestellten Aufgabe (vgl. u. S. 113 f.), eine Interpretation eines sehr umfangreichen und komplexen Teils des Erfahrbaren zu leisten, eine »horizontale Verschiebung« im Sinne Piaget's vor. Außer dem genannten zentralen Merkmal des ideologischen Egozentrismus fallen auch andere typische Merkmale des voroperationalen Denkens (vgl. S. 71 ff.) im ideologisch-steuernden gegenüber dem technisch-instrumentellen Bereich auf. Sie reichen von der immer wieder verblüffenden unterentwickelten Sensibilität für Widersprüche, die mit der defizitären Beachtung alternativ-kompensierender Aspekte, der unterentwickelten Fähigkeit zur Dezentrierung zusammenhängen, über die willkürliche Verzerrung des argumentativen Denkens im Dienste praktischer Ziele bis zur vielfach unreflektierten Verwendung von Vorbegriffen (»der Russe«, »der Kapitalist« usw.). Entsprechendes gilt nicht nur für die Ost-West-, sondern auch für die Nord-Süd-Problematik.

Zieht man Piaget's entsprechende Erkenntnisse einschließlich der jeweils ergänzenden oder modifizierenden Nachfolgeuntersuchungen (vgl. u. S. 113f.) heran, welche die große Bedeutung des Lernens, allgemein situativer Faktoren im Hinblick auf das jeweilige kognitive Leistungsniveau herausgearbeitet haben, so erscheint es nicht chancenlos, durch entsprechende Einflußnahme und Lernprozesse (nicht zuletzt schulische) bis zu konkreten Übungen* ein adäquateres, ungefährlicheres kognitives Niveau bei Politikern und der sie tragenden Bevölkerung zu erreichen. Diese Vorstellungen, in vielleicht noch weitgehend ungewohnter Weise aus dem akademisch-elfenbeinernen Turm in die komplex-politische Realität transferiert, mögen als kühn oder naiv erscheinen: Naiv wären sie sicher dann, wenn man in dieser kognitiven Zurückgebliebenheit den einzigen Grund der gefährlichen gegenwärtigen Situation und entsprechende Inverventionen als einzig mögliche und leicht zu realisierende sehen würde. Aber die Realisierung der Tatsache, daß hier nicht die alleinige Ursache zu suchen ist, darf nicht den Blick dafür verstellen, daß hier – bei allen durchaus gesehenen Übertragungsschwierigkeiten auf das komplex-politische Feld – *eine* wichtige Wurzel des Übels liegen dürfte, und daß es somit durchaus sinnvoll sein könnte, hier an *einem* neben anderen Punkten etwas zu ändern zu versuchen. Hier wären zudem sinnvolle Kriterien einer Politikerauswahl und fruchtbare Inhalte einer allgemeinen politischen Erziehung auszumachen.

6.3 Schöpferische Weiterentwicklung gegenüber Behaviorismus und Psychoanalyse: Das spontan-interaktionistische Menschenbild Piagets

Auf einen weiteren Vorzug des Piaget'schen Entwicklungsmodells wurde schon oben (vgl. S. 42f.) verwiesen: seine schöpferische Eigenständigkeit gegenüber den beiden großen Strömungen, die zu der Zeit, da Piaget seinen kognitiven Entwicklungsansatz entworfen hat, das Gebiet der Psychologie weithin beherrschten, Behaviorismus und Psychoanalyse.

Gegenüber den teilweise auf elementareren Ebenen ansetzenden beiden Strömungen, die den Menschen viel stärker durch weithin

---

* Zum Beispiel in einer Art vertauschtem Rollenspiel die Argumentation des jeweils Andersdenkenden bis zur Akzeptierung durch diesen zu vertreten.

»Ich-fremde« Kräfte (Außenweltreize, »Es«) determiniert sahen, Verhalten und Erleben weithin als determinierte Reaktion eben auf diese »Ich-fremden« Kräfte, setzt Piaget von vornherein auf einer komplexeren Betrachtungsebene an. Nicht so sehr einzelne determinierte Verhaltens- und Erlebensweisen sind Gegenstand seiner Analyse, sondern prinzipiell der reaktive *und* spontan-aktive Organismus, das ganzheitlich gesehene reaktive und spontan-aktive Individuum, das sich in einem komplexen Wechselspiel zwischen anpassender Reaktion auf die Umweltverhältnisse (Akkommodation) und aktiver Umgestaltung der Umwelt im Dienste der eigenen Ziele (Assimilation) zu immer höheren, stabileren, d. h. störungsresistenteren Gleichgewichtszuständen hin entwickelt; dies sowohl im Hinblick auf eine möglichst optimale Organismus-Umwelt-Interaktion als auch im Hinblick auf die innere Balance zwischen einzelnen intraindividuellen Funktionsbereichen.

Dieses Arbeiten auf der komplexeren Ebene zirkulär-interaktionaler Wechselwirkungsphänomene hat den Vorteil, viele, gerade komplexere und so häufig auch relevantere Verhaltens- und Erlebnisphänomene umfassender und adäquater abzubilden, wenngleich nicht verschwiegen werden soll, daß dieser Vorzug teilweise durch verminderte Präzision bezahlt wird.

6.4 Probleme der Theoriebildung

Ähnlich verhält es sich mit einem anderen Merkmal und Vorzug des Piaget'schen Entwicklungsmodells, seiner exzessiven genetischen Spannweite, die sich von niedersten, fundamentalsten Lebensäußerungen bis zu den höchsten, kognitiven Leistungen des Homo sapiens, vom neugeborenen bis zum erwachsenen Menschen erstreckt.

Das Unterfangen, niedersten und höchsten Lebensäußerungen ein gemeinsames kontinuierliches Band zugrunde zu legen, höchst entwickelte kognitive Lebensäußerungen bis auf ihre biologische Basis zurückzuführen, fasziniert und scheint geeignet, viele sonst weniger verständliche Phänomene transparenter zu machen.

Jedoch wird diese exzessive Spannweite und Kontinuität des Piaget'schen Entwicklungsmodells teilweise durch eine entsprechende hohe Abstraktionsebene und damit teilweise einen höheren Grad an Unbestimmtheit und Vagheit erkauft. Die mit der von Piaget partiell sehr hoch angesetzten Abstraktionsebene gegebene größere Distanz von der zu beschreibenden konkreten Wirklichkeit kann dann selbst wieder Ursache teilweise willkürlich anmutender theoretischer Konstruktion bzw. zirkulärer Pseudoerklärungen werden.

Ein Beispiel: Piaget's Modell der kognitiven Entwicklung postuliert über die Entwicklung aller Stufen hinweg invariante und variable Anteile. Die invarianten Anteile konstituieren das kontinuierliche Band, das alle Entwicklungsstufen miteinander verbindet und aufeinander bezieht (vgl. S. 24ff.). Piaget setzt nun den invarianten Anteil mit dem funktionalen Aspekt gleich, den variablen mit den über die verschiedenen Entwicklungsstufen variierenden Strukturen (und Inhalten). Der über die Gesamtentwicklung invariant bleibende funktionale Aspekt besteht in der in den Prozessen der Assimilation und Akkommodation sich vollziehenden Adaptation des jeweiligen Organismus an die jeweilige Umwelt, in der im Hinblick auf Erhaltung und Entfaltung des jeweiligen Organismus (individuell und artspezifisch) vollzogenen Optimalisierung der Interaktion zwischen Organismus und Umgebung.

Nun kann man aber fragen, ob diese Zuordnung des Merkmals der Invarianz zum funktionalen Aspekt und des Merkmals der Variabilität zum strukturell-instrumentellen durch Piaget nicht letztlich willkürlich erfolgt, insofern, als man die Invarianz oder Variabilität einfach als Folge des jeweils – letztlich wieder willkürlich gewählten – Abstraktionsniveaus ansehen kann.

Zieht man zur Beschreibung eines bestimmten Bereichs Begriffe einer genügend allgemein-hohen Abstraktionsebene heran, wie es Piaget bei der Beschreibung des funktionalen Aspektes durch Verwendung sehr allgemeinumfassender Begriffe wie Adaptation, Assimilation, Akkommodation usw. tut, so ergibt sich *Invarianz* ganz von selbst und logisch zwingend. Arbeitet man dagegen mit niedereren, differenzierteren Abstraktionsebenen, wie Piaget im strukturell-instrumentellen Bereich verfährt, so ergibt sich ebenso logisch zwingend *Variabilität*.

Die Willkür dieses Vorgehens zeigt sich u.a. darin, daß man durch entsprechend umgekehrte Wahl der Abstraktionsebenen auch zu einem in diesem Punkt umgekehrten Entwicklungsmodell kommen könnte: Dann unterschieden sich die funktionalen Aspekte einer somatischen (z.B. Erhaltung bestimmter somatischer Sollwerte oder Homöostasien), einer sensomotorischen (praktische Ziele: z.B. etwas Eßbares oder Interessantes heranzuziehen) und einer formal-operatorischen (Isolierung und Identifikation einzelner und kombinierter Kausalfaktoren) Adaptation sehr wohl voneinander, zeigten ausgeprägte Varianz. Die strukturell-instrumentellen Aspekte bei entsprechend hoch angesetztem Abstraktionsniveau wären ebenso logisch zwingend über alle Entwicklungsstufen durch invariante Merkmale zu kennzeichen (z. B. Systematisierung/Hierarchisierung, Rückkoppelung/Selbstregulierung usw.). Dabei wird gerade im Falle der Selbstregulierung die für die Piaget'sche Theoriebildung teilweise kennzeichnende Problematik einer eindeutigen Zuordnung zu strukturellen oder funktionalen Aspekten besonders deutlich.

Nun mag man verschiedener Meinung sein, wieweit es legitim sei, sich solcher willkürlich-»manipulativer« Konstruktionen zu bedienen. Die Problematik des Piaget'schen Theoretisierens, die sich *partiell* auch an anderen Beispielen aufzeigen ließe, liegt vielleicht nicht so sehr in der Tatsache willkürlich-manipulativer Konstruktion theoretischer Begriffe, als vielmehr darin, daß er für die Abbildung desselben Gegenstandsbereichs *simultan* sehr verschiedene Abstraktionsebenen heranzieht, und daß zumindest zu wenig explizit herausgestellt wird, daß die sich daraus ergebenden differenzierenden Aussagen (z. B. funktionale Invarianz vs. strukturelle Varianz) eben nicht einen empirischen Sachverhalt beschreiben und sich aus dessen spezifischer Beschaffenheit ergeben, sondern nur eine Folge verschiedener, mehr oder minder willkürlich gewählter Abstraktionsebenen sind und so *als solche* gegen Verifizierung oder Falsifizierung durch Empirie immun sind.

Diese Kritik betrifft in keiner Weise das ganze theoretische Werk Piagets, aber doch, wie das eben genannte Beispiel zeigen sollte, nicht unwichtige Teile.

Selbst wenn man (der Verfasser ist nicht dieser Auffassung) es für legitim ansieht, auf denselben Gegenstandsbereich bezogen *simultan* mit sehr verschiedenen Abstraktionsebenen zu arbeiten, so könnte man doch kritisieren, daß Piaget nicht immer ausreichend die Unterschiede beider Arten des Theoretisierens, der willkürlich-freien, letztlich empirie-immunen Konstruktion von Begriffen und Aussagen und des gegenüber empirischer Überprüfung und entsprechender Modifikation offenen Interpretierens und Theoretisierens herausgestellt hat. So muß dem Leser nicht selten fälschlicherweise als Faktizität erscheinen, was in Wirklichkeit nur freie Konstruktion ist.

Die eben angeführte, partiell zu konstatierende Problematik des Piaget'schen Theoretisierens, insbesondere soweit es seine *allgemeinsten,* umfassendsten, abstraktesten Konzepte betrifft, die in der immunisierenden Abhebung von der Ebene empirischen Verifizierens und Falsifizierens besteht und zuweilen zu einer gewissen willkürlich-beliebigen Vagheit führt, läßt sich auch, um noch ein Beispiel anzuführen, an dem zuweilen zirkulären Gebrauch des für Piaget's theoretisches Gebäude zentralen Begriffs des Gleichgewichts oder der Äquilibration aufzeigen (vgl. auch S. 36 ff.). Er leidet darunter, daß es häufig an konkreten, einigermaßen eindeutigen Kriterien mangelt, die im jeweiligen Fall entscheiden lassen, ob oder wieweit ein bestimmter Gleichgewichtszustand realisiert ist; wobei gerade im Bereich des höher entwickelten Verhaltens das Kriterium eines optimalen Gleichgewichts oder einer gelungenen Anpassung sich häufig einer objektiv-allgemeinverbindlichen Definition entzieht.

Aber auch hier spätestens ist wieder auf die Einleitung des Kapitels hinzuweisen; denn auch hier, auf dem Gebiet des Theoretisierens und Interpretierens findet sich wieder die oben angeführte Heterogenität und große Unterschiedlichkeit des Piaget'schen Gesamtwerkes. Denn es entspräche einem völlig falschen Eindruck, würde man aufgrund des eben Angeführten das Piaget'sche Werk unter jene nicht seltenen psychologischen Entwürfe reihen, die sich zwar durch einen umfassenden Geltungsanspruch und ein mitunter eindrucksvolles Theoriegebäude, ebenso aber auch durch ihre mangelnde empirische Verankerung, ihre mehr oder minder weitgehende Immunisierung gegen empirische Verifikation oder Falsifikation auszeichnen und sich somit zu einem beträchtlichen Teil durch das Merkmal der Willkürlichkeit und Beliebigkeit auszeichnen.

Vielmehr stellt es einen ganz unverwechselbaren Vorzug Piagets und seines Werkes dar, daß er, besonders auf der eher *unteren* und *mittleren Ebene* seines Theoretisierens in einem nur selten sonst erreichten Umfang und Intensität sich um die konkrete empirische Untermauerung seiner theoretisch-interpretativen Aussagen bemühte, daß er in unzähligen, vielfach sehr einfallsreich-kreativ entworfenen und durchgeführten Untersuchungen an Kindern und Jugendlichen seine interpretatorischen und theoretischen Aussagen aus der konkret-empirischen Beobachtung abzuleiten und an ihr zu überprüfen suchte. Hier, auf dieser unteren und mittleren Ebene der Theorie- und Modellbildung hat Piaget eine Fülle empirisch überprüfbarer Aussagen gemacht und so nicht nur den entwicklungspsychologischen Wissensstand selbst in einem Umfang wie kaum ein anderer Entwicklungspsychologe bereichert, sondern auch zahlreiche interessante empirisch beantwortbare Fragen aufgeworfen und zu weiterführenden Untersuchungen angeregt.

6.5 Philosophisch-erkenntnistheoretische Relevanz und interdisziplinärer Austausch

Zieht man in Betracht, daß die Psychologie neben der Physik als eine der basalen Hilfswissenschaften der Erkenntnistheorie angesehen werden kann, so fällt im Unterschied zur Physik immer wieder die insgesamt relativ große Enthaltsamkeit der modernen Psychologie gegenüber philosophischen Fragen auf.

Hier ist es das Verdienst Piagets als einer der eher wenigen Psychologen dieses auffällige und bedauernswerte Defizit verringert zu haben. Fragen etwa zu den *basalen Realkategorien*, mit denen wir den sensorischen Input strukturieren, die erfahrbare Welt konstruieren und ordnen, Fragen also nach dem modernen Verständnis, dem »Wesen« von Raum und Zeit, von Bewegung und Geschwindigkeit, von Ding/Objekt, Kausalität und Zufall u.a.m., Fragen nach der Aussagekraft und den grundsätzlichen Begrenzungen menschlicher Weltbilder, diese und andere sehr grundlegende Fragen der Weltorientierung bedürfen neben dem intensiver geführten philosophisch-physikalischen Dialog auch des Beitrags der Psychologie, speziell der Entwicklungspsychologie: Wie, aus welchen Vorformen, nach welchen strukturellen Ablaufgesetzmäßigkeiten haben sich die physikalisch-ontologischen Grundkategorien des Raumes und der Zeit, der Bewegung und Geschwindigkeit, von Ding/Objekt, Kausalität und Zufall u.a. ontogenetisch und phylogenetisch entwickelt? Es ist das große Verdienst Piagets, hier nach Antworten aus der Sicht der Psychologie gesucht zu haben.

Er suchte den intensiven Dialog mit Partnern aus anderen Grundlagenwissenschaften, von dem gedanklichen Austausch mit Albert Einstein über die Entwicklung des Zeit- und Geschwindigkeitskonzepts bis zu vielen informellen Gesprächen und gezielten interdisziplinären Forschungsaktivitäten, insbesondere im Rahmen des von ihm begründeten Genfer »Centre International d'Epistémologie Génétique«.

6.6 Vorzüge und Mängel der empirischen Arbeiten J. Piagets

Die Fülle der von Piaget durchgeführten Untersuchungen fasziniert nicht nur durch ihre hohe philosophisch-erkenntistheoretische Relevanz, nicht nur durch den gleichermaßen umfassenden wie differenzierten philosophisch-wissenschaftsgeschichtlichen Horizont, aus dem sie abgeleitet und auf dessen Hintergrund sie interpretiert werden, sondern auch durch die Kreativität, den Einfallsreichtum und die dennoch immer wieder zu findende »geniale Einfachheit« (A. Einstein) der Versuchsanordnung. Mit teilweise sehr einfachen Mitteln (Perlen, Streichholzschachteln, Waagebalken u.v.a.m.) und Versuchsanordnungen gelingt es Piaget häufig, kognitive Basisstrukturen abzubilden und die entsprechenden fundamentalen Fragen – viele vor ihm von anderen Psychologen noch nicht empirisch angegangen – zu stellen und partiell zu beantworten.

Aber auch hier, auf dem Gebiet der empirischen Forschung Piagets und seiner Interpretation findet sich wieder neben dem genialen Wurf, dem faszinierenden Einfallsreichtum, der differenzierten und reflektierten Untersuchungsanordnung die andere Seite, das Ärgernis, der Mangel, die klassischen »Sünden« des empirisch arbeitenden Psychologen. Dies keineswegs durchgehend, nicht so häufig, um das große Gesamtwerk Piagets zu entwerten, aber doch häufig genug, um die Aussagekraft einer nicht geringen Anzahl der von Piaget ermittelten Ergebnisse deutlich zu relativieren; um manche Aussagen allenfalls als interessante, aber noch zu überprüfende Hypothesen ansehen zu können.

So fehlen etwa nicht selten in den Darstellungen seiner Untersuchungen Angaben über wesentliche Merkmale der Untersuchungspopulation, wie Zahlen der untersuchten Kinder oder Jugendlichen, Schichtzugehörigkeit, Schulbildung usw. Dies erschwert eine Aussage über den Geltungsbereich der dargestellten Ergebnisse zum Teil sehr, teils wird sie unmöglich.

Ebenso fehlt weitgehend eine auch nur ansatzweise statistische Verarbeitung der gewonnenen Daten, so daß auch unter diesem Aspekt eine Bewertung der dargestellten Ergebnisse oft sehr schwierig ist.

Daß Piaget sich häufig zu wenig darum bemüht, Konfundierungen des jeweils gesuchten Wirkfaktors, nämlich des Altersfaktors, mit anderen Faktoren zu vermeiden bzw. zu kontrollieren, auch hier zu wenig von den sich anbietenden mathematisch-statistischen Methoden, speziell multivariabler Verfahren, Gebrauch macht, kann nur zum Teil durch seine primäre Motivation gerechtfertigt werden, eher *deskriptive* als erklärende Forschung zu betreiben. Tatsächlich kann man Piaget die Beschränkung auf das »*wie*« der genetischen Aufeinanderfolge kognitiver Strukturen bei weitgehender Ausklammerung des »warum«, des »wenn-dann« prinzipiell nicht zum Vorwurf machen. Jedoch hätten auch im Bereich der von Piaget primär betriebenen deskriptiven Forschung differenziertere methodische Vorgehensweisen zum Teil zu deutlich präzisieren, differenziert-adäquateren und somit besser bewertbaren Ergebnissen führen können: Etwa, um ein Beispiel anzuführen, schon auf der deskriptiven Ebene – ohne die Frage der jeweiligen Bedingtheiten zu stellen – in der Frage nach der Generalität, der intra- und interindividuellen Homogenität oder Heterogenität der einzelnen Entwicklungsstufen.

6.7 Ergebnisse von Nachfolgeuntersuchungen

Unter diesem Aspekt sind *auch* die Ergebnisse inzwischen vorliegender Nachfolgeuntersuchungen zu sehen, die sich zum größten Teil durch ein verbessertes methodisches Vorgehen auszeichnen. Haben diese Nachfolgeuntersuchungen die Piaget'schen Ergebnisse bestätigt, und wenn ja, wieweit? Diese Frage kann des eingeschränkten Rahmens wegen hier nur selektiv und trendmäßig beantwortet werden. Berücksichtigt man diese Einschränkungen, so kann man zusammenfassend sagen:

(1) Das zentrale Forschungsinteresse Piagets galt immer der Frage, wie, nach welchen Gesetzmäßigkeiten generell und in den jeweils spezifischen kognitiven Bereichen (z. B. Raum, Zeit, Geschwindigkeit, Kausalität, Zufall usw.) die jeweils späteren kognitiven Strukturen aus den früheren hervorgehen. Hier, was das Auseinanderhervorgehen der jeweiligen einzelnen Entwicklungsstufen angeht, haben sich die Ergebnisse Piagets, auch in interkulturellen Untersuchungen, im ganzen und im Trend am besten bestätigt.

Jedoch sind die einzelnen Stufen in der konkreten Realität nicht immer so scharf voneinander abhebbar und in sich so homogen, wie es das Modell Piaget's vermittelt, das offensichtlich zum Teil etwas idealisierte Grundformen darstellt.

Allerdings blieb Piagets Auffassung von der jeweiligen sukzessiven Konstruktion kognitiver Strukturen für einzelne Alters- und Gegenstandsbereiche nicht unwidersprochen. Es gibt bis heute nicht eindeutig entscheidbare Kontroversen, etwa was die Säuglings- und Kleinkindzeit und hier speziell etwa die Entwicklung des Objekt-Konzeptes betrifft (vgl. etwa Bower 1979, oder Siegel u. Brainerd 1978).

(2) Mehr oder minder ausgeprägte *Modifikationen* ergaben sich dagegen in der Frage der *zeitlichen Zuordnung der einzelnen Entwicklungsstufen zu bestimmten Lebensaltern*. Zu einem beträchtlichen Teil scheinen, ungeachtet der eher invarianten Sukzessionen der einzelnen Stufen, die jeweiligen Leistungen schon auf früheren Altersstufen aufzutreten als von Piaget angenommen wurde. Dies gilt insbesondere für den Säugling und das Kleinkind, dessen kognitive Leistungen auf einigen Gebieten Piaget deutlich unterschätzt haben dürfte. So erwarten etwa nach neueren Untersuchungen schon Neugeborene, daß gesehene Gegenstände auch taktile Eigenschaften haben, und reagieren mit Weinen, wenn sich diese Erwartung nicht bestätigt, ebenso wie schon Säuglinge gegenüber sich nähernden Gegen-

ständen Abwehrreaktionen zeigen (Maurer u. Maurer 1976). Entsprechendes gilt, um ein anderes Beispiel auf einer höheren Altersstufe anzuführen, für den Zahlbegriff, der ebenfalls in einem früheren Alter entwickelt zu sein scheint als von Piaget postuliert (Dodwell 1960, Wohlwill 1960, Rothenberg 1969, Willenghby u. Trachey 1972).

Was die Entwicklung des kindlichen Weltbildes angeht, so haben eigene, vor kurzem abgeschlossene Untersuchungen zum kindlichen Animismus (Buggle u. Westermann, 1987, 1988) und Artifizialismus gezeigt, daß hier zwar auch heute noch wie in Piagets eigenen Untersuchungen vor 60 Jahren bei teilweise veränderten Inhalten strukturell dieselben Phänomene und im ganzen die entsprechenden Entwicklungsstufen zu finden sind, daß aber diese jeweiligen strukturellen Entwicklungsstufen um jeweils etwa drei Lebensjahre früher auftreten als von Piaget (1926, dt. 1978) beschrieben wurde (ob dies auf die inzwischen veränderte Erziehungsumwelt oder auf eine möglicherweise unrepräsentative Selektion der Piaget'schen Originalstichprobe zurückgeht, muß zunächst noch offen bleiben).

Auf der anderen Seite haben entsprechende Nachuntersuchungen gezeigt, daß manche Entwicklungsprozesse sich über weit längere Zeiträume – zum Teil bis in das Erwachsenenalter hinein – erstrecken, als Piaget idealtypisch beschrieben hat. Ein Beispiel für eine solche Verlängerung des von Piaget angenommenen Entwicklungsprozesses stellt offensichtlich die Entwicklung der Invarianz des Volumens dar (Elkind 1961, Towler u. Wheatly 1971, Nadel u. Schoeppe 1973, Hooper u. Sheehan 1977).

Während also mehrheitlich und im ganzen die Ergebnisse Piagets zu der sukzessiven Abfolge der einzelnen Entwicklungsstufen bestätigt werden konnten, bedürfen die von Piaget aufgrund seiner Originaluntersuchungen vorgenommenen Alterszuordnungen von Fall zu Fall mehr oder minder starker Korrekturen.

(3) Damit hängt ein anderer genereller Trend der Nachfolgeergebnisse zusammen: Im Zusammenhang mit der Frage, in welchem Alter welche kognitiven Strukturen realisiert oder welche kognitiven Leistungen erbracht werden, haben sich in den Nachfolgeuntersuchungen neben den Altersvariablen eine Reihe von *zusätzlichen Variablen* als bedeutsam herausgestellt, die den *Zeitpunkt des Auftretens* der jeweiligen kognitiven Leistungen mitdeterminieren. Als wichtigste Faktoren ließen sich dabei neben anderen verschiedene Aspekte des *Schwierigkeits-*

grades (Abstraktheit, Komplexität, Verbalisierung usw.) der jeweiligen konkreten Aufgabenstellungen, in denen sich die jeweils zugrunde liegenden allgemeineren kognitiven Strukturen abbilden sollten, die jeweils verschiedenen individuell wie sozio-kulturell bedingten Vor- und *Lernerfahrungen* sowie die *Motivation* des Kindes oder Jugendlichen ermitteln.

Wie sehr etwa, um ein Beispiel zu nennen, der Schwierigkeitsgrad (Art des Materials, Aufgabeninstruktion) der jeweiligen Aufgaben das Auftreten von Klassifikationsleistungen, ein für Piaget zentraler Indikator für die Realisierung der konkret-operatorischen Stufe, beeinflussen kann, zeigen etwa Nachfolgeuntersuchungen wie die von Kofsky u. Osler (1967), Ahr u. Youniss (1970), Odom u.a. (1975), Carson u. Abrahamson (1976). Entsprechende modifizierende Ergebnisse für Seriation ergaben sich in einer Nachuntersuchung von Siegel (1972).

Wenngleich diese und andere Ergebnisse, die gezeigt haben, wie sehr zusätzliche Faktoren außer der Altersvariablen den Auftrittszeitpunkt der von Piaget untersuchten kognitiven Leistungen determinieren, von großer, nicht zuletzt praktischer Bedeutsamkeit sind, so darf dennoch von den Kritikern Piagets nicht übersehen werden – und dies war tatsächlich teilweise der Fall – daß sie strenggenommen die zentralen Aussagen Piagets, für die allein er einen weitgehenden Gültigkeitsanspruch erhebt, nur am Rande tangieren. Für *ihn* war stets nur primär die gesetzmäßig-genetische Aufeinanderfolge, das Auseinanderhervorgehen der einzelnen kognitiven Strukturen, nicht oder nur sehr sekundär ihr zeitlicher Auftritt und die zusätzlichen Bedingungen, die die jeweilige lebenszeitliche Realisierung bestimmen, von Interesse.

Dennoch hat auch schon Piaget selbst den entsprechenden Sachverhalt partiell gesehen und analysiert, u.a. auch in seinem Konzept der horizontalen Verschiebungen, also des zeitlich verschiedenen Auftretens analoger kognitiver Strukturen in verschiedenen Bereichen, z.B. der Gewichts-, Massen- und Volumeninvarianz oder der Synthese von Klasseninklusion und Seriation beim Zahl- und beim Zeitkonzept (vgl. o. S. 88). Hier hat Piaget tatsächlich, teils explizit, teils implizit, die Determination durch noch andere Faktoren als das Lebensalter, z.B. Schwierigkeits- bzw. Abstraktheitsgrad, in sein kognitives Entwicklungsmodell einbezogen (vgl. auch Aebli 1963).

6.8 Mögliche und wünschbare Erweiterungen und Ergänzungen des Piaget'schen Entwicklungsmodells

Wenngleich das von Piaget entworfene Entwicklungsmodell immer wieder, zumindest implizit, den Eindruck erweckt, als stelle es *die* kognitive Entwicklung dar, so muß auch hier relativierend auf Ergänzungsmöglichkeiten hingewiesen werden. Solche Ergänzungen und Erweiterungen sind tatsächlich hinsichtlich verschiedener Aspekte und Dimensionen möglich und wünschenswert.

So wäre etwa das Piaget'sche Modell horizontal durch zusätzliche, möglicherweise auch formalistische Strukturmodelle zu erweitern. Es dürfte z. B. nicht ausreichend sein, das Gesamt an kognitiven Grundstrukturen auf der Stufe des konkret-operatorischen Denkens durch das Modell der Gruppierung abbilden zu wollen; dies um so weniger, als man sich von den von Piaget bevorzugt untersuchten elementareren mathematisch-naturwissenschaftlichen, verhältnismäßig abstrakten und einigermaßen vollständig abstrahierend erfaßbaren Bereichen wegbewegt.

Aber auch vertikal sollte das Piaget'sche Entwicklungsmodell nicht als abgeschlossenes System angesehen werden. Es wäre im Sinne einer weiter differenzierenden Beschreibung der menschlichen kognitiven Entwicklung sicher angebracht, diese nicht mit der formal-operatorischen Stufe, wie sie von Piaget konzipiert wurde, enden zu lassen, sondern auch über diese für Piaget höchste Entwicklungsstufe hinaus weitere noch höhere Entwicklungsniveaus in den verschiedenen Erkenntnisbereichen anzusetzen. So schiene es etwa im mathematischen Bereich sinnvoll, die Bewältigung der Infinitesimalrechnung (differenzieren, integrieren) einer qualitativ neuen, höheren kognitiven Stufe zuzuordnen. Als ein anderes Beispiel könnte die Fähigkeit angesehen werden, nicht nur linear-kausal, sondern auch vernetzt-zirkulär zu denken, eine Fähigkeit, wie sie nach der wissenshistorischen Epoche der primär linearen Kausalanalyse heute, etwa in der Umweltpolitik, dringend gefordert ist.

Ein weiterer Bereich, der als Beispiel für Ergänzungsmöglichkeiten dienen könnte, wäre der inhaltliche. Hier könnten zusätzliche Faktoren einbezogen werden, die neben der Altersvariablen und den oben angeführten Faktoren vor allem im Bereich des Motivationalen und Emotionalen zu suchen wären.

Um das Gesagte wieder an einem Beispiel zu veranschaulichen: Die von Piaget – durchaus legitim – vorgenommene weitgehend selektive Konzentration auf basale kognitive Strukturen und deren eher autonome Abfolge, seine Betonung des intrinsischen Aspekts der

Motivation zu erkennen um des Erkennens willen, könnte bei Anwendung auf praktisch-konkrete Fragen der (Entwicklungs-)Psychologie leicht zu einem naiv idealisierten psychologischen Weltbild führen. Nach ihm entschiede die (primär, wenngleich nicht ausschließlich) altersbedingte Fähigkeit, bestimmte kognitive Strukturen zu verwirklichen, generell über das jeweilige kognitiv-strukturelle Niveau eines Individuums oder einer bestimmten Gruppe oder Kultur.

Mit anderen Worten: Das Piaget'sche Modell kann sehr leicht die starke Bestimmung menschlicher kognitiver Prozesse, auch noch auf den höchsten Entwicklungsstufen, durch andere als rein kognitive Motive, seine weitverbreitete »Korrumpiertheit« durch mehr oder weniger eingestandenes Wunschdenken übersehen lassen. Dies um so mehr, je mehr man sich von den von Piaget primär untersuchten eher interessenneutralen logisch-mathematischen und elementar-naturwissenschaftlichen Gegenstandsbereichen entfernt und sich anderen, die individuelle Lebensinterpretation und -gestaltung stärker tangierenden und gleichzeitig komplexeren und schwerer durchschaubareren Gegenstandsbereichen zuwendet.

Schon ein distanziert-unbefangener Blick in die uns umgebende ideologische und weltanschauliche Szene zeigt jedem, der es sehen *will* (!), das immer wieder erstaunliche Phänomen, daß dieselben Individuen, die in bestimmten Bereichen, z.B. ihren beruflichen Angelegenheiten, sich auf höchsten kognitiven Ebenen formal-operatorischen oder noch höherstufigen Denkens bewegen, im viel stärker vom Wunschdenken bestimmten weltanschaulich-ideologischen Bereich unverarbeitete Widersprüche, logische Inkonsequenzen, Zentriertheit, d.h. unkompensierte Eingleisigkeiten, also charakteristische Merkmale voroperationalen Denkens zeigen (Buggle, 1992).

Dies und andere Beobachtungen müssen die ideal-typische Auffassung Piagets, nach der einmal entwickelte kognitive Strukturen den Drang sich zu verwirklichen per se in sich tragen, relativieren. Er hat diese Auffassung, die die motivationale Basis seines Entwicklungsmodells darstellt, an verschiedenen Stellen zwar eingeschränkt; immerhin ist es offensichtlich, daß die Realisierung der entsprechenden kognitiven Strukturen aufgrund subjektiv gewichtigerer Motive (Gefühl der Orientierung, weltanschauliche Geborgenheit, persönliche Vorteile u.a.) unterbleiben kann.

Dies zeigt aber auch den schon anderweitig (vgl. S. 50 u. 114) angesprochenen Sachverhalt, daß das Denken eines bestimmten Individuums oder einer bestimmten Gruppe sich simultan auf sehr verschiedenen strukturellen Stufen bewegen kann. Ferner wird hier deutlich, daß die global-idealtypische Zuordnung eines bestimmten Individuums oder einer bestimmten Gruppe zu einer bestimmten Entwicklungsstufe sehr problematisch erscheint und allenfalls eher negativ (die kognitiven Strukturen einer bestimmten Entwicklungsstufe können *generell* noch *nicht* realisiert werden) oder in dem Sinne vollzogen werden kann, daß die jeweils höchst*möglichen*, aber *nicht* unbedingt *generell realisierten* kognitiven Leistungen das Kriterium einer solchen Zuordnung darstellen. Die globale Zuordnung eines Individuums zur Stufe des formal-operatorischen Denkens hieße dann also nur, daß das jeweilige Individuum auf irgendeinem Gebiet formal-operatorische Strukturen realisiert hat, keineswegs aber, daß es diese über die Zeit und verschiedene Bereiche generell realisiert.

Ergänzungs- und Erweiterungsmöglichkeiten ließen sich auch für einige zentrale Konzeptionen des Piaget'schen Entwicklungsmodells, wie Äquilibration, Adaptation, Organisation, Schema u.a. aufzeigen.

So könnte es etwa heuristisch im Sinne einer umfassenderen und gleichzeitig differenzierenderen Abbildqualität fruchtbar erscheinen, das zentrale Konzept »Gleichgewicht/Äquilibration« durch eine Metakonzeption bzw. ein Metamodell zu erweitern.

Objektive Beobachtung zeigt Aktivität als ein zentrales Merkmal animalischen Lebens. Eine Vielzahl entsprechender subjektiver Erfahrungen, wie sie von der philosophischen Anthropologie bis zur Belletristik, von Buddha und Augustinus über Lessing und Goethe zu Kierkegaard und Schopenhauer, um nur willkürlich einige ganz wenige von vielen zitierbaren philosophischen und literarischen Autoren zu nennen, immer wieder angeführt werden, haben die prinzipielle Unmöglichkeit, menschliches (Glücks-)Streben dauerhaft zu befriedigen, zum Gegenstand. Diese u.a. Beobachtungen lassen als *ein* übergeordnetes Prinzip der Lebendigkeit eine Regelung zweiter Ordnung plausibel erscheinen, nach der als Motor der jeweiligen Aktivierung eine optimale Istwert-Sollwert-Differenz im jeweiligen organismischen System erster Ordnung durch eine entsprechende Sollwerteinstellung auf der übergeordneten Metaebene determiniert und gewährleistet wird.

Es würde den Rahmen dieses Textes sprengen und kann hier wieder nur als Anregung vermittelt werden, den Implikationen dieses Metamodells für zentrale Eigenschaften des Piaget'schen biologisch-psychologischen Gleichgewichtskonzepts wie z.B. Dynamik-Aktivität, Dialektik zwischen konservativen und progressiven Tendenzen, zunehmende Stabilisierung auf jeweils höheren Äquilibrations-Niveaus (oder nimmt etwa die Störbarkeit und in welcher Proportion mit höherem Entwicklungsniveau ebenfalls zu?) oder für Fragen wie nach der Möglichkeit und Faktizität von Aktivität um der Aktivität bzw. Erkenntnis um der Erkenntnis, Leben um des Lebens willen nachzugehen.

7. Schlußwort

Piagets entwicklungspsychologisches Werk, dem man mit Albert Einstein das Prädikat »genial« zuerkennen kann, stellt einen bis heute nach Umfang und Differenzierung einzigartigen Entwurf dar, die Genese menschlicher Erkenntnis darzustellen und transparenter zu machen, einen Entwurf, der nicht nur Lücken, sondern durchaus auch Mängel aufweist. Sie sollten Ansporn für die entwicklungspsychologische und erkenntnistheoretische Forschung sein.
In viel stärkerem Maße überwiegt aber im Werke Piagets das, was er als Ergebnis einer überaus fruchtbaren theoretischen und empirischen wissenschaftlichen Arbeit der Entwicklungspsychologie wie auch der genetischen Epistemologie an Erkenntnissen und Anregungen hinterlassen hat.
Die Geschichte ist voller Beispiele, wie die geistige Zurückgebliebenheit des Menschen immer wieder zu exzessiv inhumanen und schädlichen Auswirkungen geführt hat. Die mangelnde Fähigkeit zur Dezentrierung, etwa als ideologischer Ego- bzw. Ethnozentrismus in der Friedensfrage oder als Unfähigkeit, alternativ-kompensierende Faktoren der Umweltproblematik in das Denken und Handeln einzubeziehen, oder die mit beiden Defiziten zusammenhängende mangelnde Sensibilität für Widersprüche, die Zurückgebliebenheit im ideologisch-steuernden gegenüber dem instrumentell-technischen Bereich, stellen heute eine akute Gefahr für das Überleben eines großen Teils der Menschheit und darüber hinaus der irdischen Biosphäre insgesamt dar.
Vor diesem Hintergrund wird die Relevanz aller Bemühungen, die Transparenz des menschlichen Denkens und Handelns zu erhöhen, das noch sehr beschränkte und dunkle Selbstverständnis des Menschen aufzuhellen, evident. In einem wesentlichen Beitrag zu diesem Unterfangen ist nicht zuletzt Piagets großes Verdienst zu sehen.

8. Literatur

Aebli, H.: Über die geistige Entwicklung des Kindes. Stuttgart, 1963.
Aebli, H., Montada, L. u. Schneider, U.: Über den Egozentrismus des Kindes. Stuttgart, 1968.
Ahr, P. R. u. Youniss, J. G.: Reasons for failure on the class inclusion problem. Child Development, 41, 1970, 131–143.
Baldwin, J. M.: Mental development in the child and the race. London, 1925.
Bower, T. G. R.: Human development. San Francisco, 1979.
Bruner, J. S. (Hrsg.): Studien zur kognitiven Entwicklung. Stuttgart, 1971.
Buggle, F.: Psychologie. Gegenstand, Methodik, Soziale Rahmenbedingungen. Darmstadt, 1974.
Buggle, F., Denn sie wissen nicht, was sie glauben. Reinbek, 1992.
Buggle, F., u. Westermann-Duttlinger, H.: Untersuchung zum Animismus bei 5–8jährigen Kindern. Zeitschrift für Entwicklungspsychologie und Pädagogische Psychologie XX, 1, 1988, 3–14.
Buggle, F., u. Westermann-Duttlinger, H.: Animismus als alternative Weise des Welterlebens. Theoretische Überlegungen und empirische Forschungsergebnisse. Forschungsberichte des Psychologischen Instituts der Albert-Ludwigs-Universität Freiburg i.Br., Nr. 41, 1987.
Busoni, G. u. a.: J. Piaget, Werk und Wirkung, Bd. 2168 der Reihe „Geist und Psyche" München, 1976
Carson, M. T. u. Abrahamson, A.: Some members are more equal than others: The effect of semantic typicality on class-inclusion performance. Child Development, 47, 1976, 1186–1190.
Dodwell, P. C.: Children's understanding of number and related concepts. Canadian Journal of Psychology, 14, 1960, 191–205.
Elkind, D.: Quantity conceptions in junior and senior high school students. Child Development, 32, 1961, 551–560.
Elkind, D.: Conceptual orientation shift in adolescence. Child Development, 37, 1966, 1025–1034.
Elkind, D.: Egocentrism in adolescence. Child Development, 38, 1967, 1025–1035 (dt. Egozentrismus in der Adoleszenz. In: Döbert, R., Habermas, J. u. Nunner-Winkler, G. (Hg.): Entwicklung des Ich's. Meisenheim, 1980, 170–178.)
Flavell, J. W.: The developmental psychology of Jean Piaget. Princeton, 1963.
Furth, H. G.: Intelligenz und Erkennen. Die Grundlagen der genetischen Erkenntnistheorie Piaget's. Frankfurt, 1972.
Ginsburg, H. u. Opper, S.: Piaget's Theorie der geistigen Entwicklung. Stuttgart, 1975.
Grenfield, P. M.: On culture and conservation. 1966. In: Bruner.
Hooper, F. H. u. Sheehan, N. W.: Logical concept attainment during the aging years. In: Overton, W. F. und Gallagher, J. (Hrsg.): Knowledge and development. New York 1977, 205–253.
Kant, I.: Kritik der reinen Vernunft (1781). Frankfurt, 1974.
Kant, I.: Prolegomena zu einer jeden künftigen Metaphysik, die als Wissenschaft wird auftreten können (1783). Hamburg, 1953.
Kofsky, E. u. Osler, S.: Free classification in children. Child Development, 38. 1967, 927–937.

Lorenz, K.: Die Rückseite des Spiegels. Versuch einer Naturgeschichte menschlichen Erkennens. München, 1973.
Maurer, D. M. u. Maurer, Ch. E.: Newborn babies see better than you think. Psychology Today, 1976, 10, 87–88.
Michiels, M.-P. u. Vanclair-Visseur, A.-S.: Piaget und seine Zeit. Daten zu Leben, Werk und Wirkung. In: Steinen (Hrsg.), 1978.
Modgil, S.: Piagetian research. A handbook of recent studies. Windsor, 1974.
Montada, L.: Die Lernpsychologie J. Piagets. Stuttgart, 1970.
Montada, L.: Über die Funktion der Mobilität in der geistigen Entwicklung. Eine Untersuchung zu Piaget's Äquilibrationshypothese der Entwicklung. Stuttgart, 1968.
Mosher, F. A. u. Hornsby, J. R.: Über das Fragestellen. In: Bruner.
Nadel, C. u. Schoeppe, A.: Conservation of mass, weight and volume as evidenced by adolescent girls in 8th grade. Journal of Genetic Psychology, 122, 1973, 309–313.
Odom, R. D., Asor, E. C. u. Cunningham, J. G.: Effects of perceptual salience on the matrix task performance of four-six-year-old children. Child Development, 46, 1975, 758–762.
Oerter, R.: Psychologie des Denkens. Donauwörth, 1972.
Oerter, R. u. Montada, L.: Entwicklungspsychologie. München, 1982.
Peel, E. A.: Intellectual growth during adolescence. Educational Review, 17, 1965, 169–180.
Petter, G.: Die geistige Entwicklung des Kindes im Werk von Jean Piaget. Bern, 1976².
Piaget, J.: Classes, relations et nombres: essai sur les »groupements« de la logistique et la réversibilité de la pensée. Paris, 1942.
Piaget, J.: Les notions de mouvement et de vitesse chez l'enfant. Paris, 1946.
Piaget, J.: Du rapport des sciences avec la philosophie. In: Synthése Bd. 6, S. 130–150, 1947.
Piaget, J.: Traité de logique. Paris, 1949.
Piaget, J.: Essai sur les transformations des opérations logiques. Paris, 1952.
Piaget, J.: Die Bildung des Zeitbegriffs beim Kinde. Zürich, 1955.
Piaget, J.: Programme et méthodes de l'épistémologie génétique. In: W. E. Beth, W. Mays & J. Piaget: Epistémologie génétique et recherche psychologique. Études d'epistémologie génétique. Vol. 1. Paris, 1957, 13–84.
Piaget, J.: Psychologie der Intelligenz. Zürich, 1966.
Piaget, J.: Sprechen und Denken des Kindes. Düsseldorf, 1972.
Piaget, J.: Einführung in die genetische Erkenntnistheorie. Frankfurt, 1973.
Piaget, J.: Biologie und Erkenntnis. Über die Beziehungen zwischen organischen Strukturen und kognitiven Prozessen. Frankfurt, 1974 a.
Piaget, J.: Abriß der genetischen Epistemologie. Olten und Freiburg, 1974 b.
Piaget, J.: Das Erwachen der Intelligenz beim Kinde. Stuttgart, 1975 a.
Piaget, J.: Nachahmung, Spiel und Traum. Stuttgart, 1975 b.
Piaget, J.: Der Aufbau der Wirklichkeit beim Kinde. Stuttgart, 1975 c.
Piaget, J.: Die Entwicklung des Erkennens II. Stuttgart, 1975 d.
Piaget, J.: Die Äquilibration der kognitiven Strukturen. Stuttgart, 1976.
Piaget, J.: Das Weltbild des Kindes. Stuttgart, 1978.
Piaget, J. u. Inhelder, B.: Die Entwicklung der elementaren logischen Strukturen. Düsseldorf, 1973.
Piaget, J. u. Inhelder, B.: Die Entwicklung der physikalischen Mengenbegriffe bei Kinde. Stuttgart, 1975.

Piaget, J. u. Inhelder, B.: Die Entwicklung des räumlichen Denkens beim Kinde. Stuttgart, 1971.
Piaget, J. u. Inhelder, B.: Von der Logik des Kindes zur Logik des Heranwachsenden. Essay über die Ausformung der formal-operativen Strukturen. Olten, 1977a.
Piaget, J. u. Inhelder, B.: Die Psychologie des Kindes. Frankfurt, 1977b.
Piaget, J. u. Szeminska, A.: Die Entwicklung des Zahlbegriffs beim Kinde. Stuttgart, 1965.
Pinard, A. u. Laurendeau, M.: »Stage« in Piaget's cognitive-developmental theory-exegesis of a concept. In: Stud. Cogn. Dev., 1969, 121–170.
Rothenberg, B.B.: Conservation of number among four- and five- year-old children. Some methodological considerations. Child Development, 40, 1969, 383–406.
Seiler, T. B.: Die Reversibilität in der Entwicklung des Denkens. Ein Beitrag zur Deutung der Theorie Piaget's. Stuttgart, 1968.
Siegel, L. S.: Development of the concept of seriation. Developmental Psychology, 6, 1972, 135–137.
Siegel, L. S. u. Brainerd, G. J. (Hrsg.): Alternatives to Piaget. Critical essays on the theory. New York, 1978.
Steiner, G.: Jean Piaget – Versuch einer Wirkungs- und Problemgeschichte. In: Hommage à Jean Piaget zum 80. Geburtstag. Stuttgart, 1976.
Steiner, G. (Hrsg.): Piaget und die Folgen. Die Psychologie des 20. Jahrhunderts. Bd. VII. Zürich, 1978.
Tomlinson-Keasy, C.: Formal operations in females from 11 to 54 years of age. Developmental Psychology, 6, 1972, 364.
Towler, J. O. u. Wheatly, G.: Conservative concepts in college students: a replication and critique. Journal of Genetic Psychology, 118, 1971, 265–270.
Wetzel, F. G.: Kognitive Psychologie. Eine Einführung in die Psychologie der kognitiven Strukturen von Jean Piaget. Weinheim, 1980.
Wieczerkowski, W. u. zur Oeveste, H. (Hrsg.): Lehrbuch der Entwicklungspsychologie. Düsseldorf, 1982.
Willoughby, R. H. u. Trachy, S.: Conservation of number in very young children: a failure to replicate Mehler and Bevor. Merril-Palmer Quarterly, 1971, 205–209.
Wohlwill, J. F.: A study of the development of the number concept by scalogram anlysis. Journal of Genetic Psychology, 97, 1960, 345–377.

9. Sachwortregister

Adaptation 24, 37
Akkomodation 25f., 28ff., 41f., 59, 62
Analogien zwischen ontogenetisch-individuellen und kollektiv-wissensgeschichtlichen Entwicklungsprozessen 18ff.
angeborene Reflexe 54
anschauliches Denken 76ff.
Äquilibration 36ff., 109
Assimilation 25f., 28ff., 41f., 70, 75
–, differenzierend-rekognitorische 33 ff., 51
–, funktionale 32
–, generalisierende 33, 51, 56
–, reproduktive 32f., 51
–, reziproke 35, 52
Assoziativität 83ff.
Aussagenlogik 91

Bilder 66ff.
Biographie Piagets 13, 21ff.
Biologismus 40ff.

Deduktives Denken
–, Bevorzugung beim Jugendlichen 100
Dezentrierung 75, 77ff, 80, 89, 104

Egozentrismus 99, 104
Entdeckung neuer Mittel 60ff.
Entwicklungskontinuum 24, 107
–, Gesamtaufbau 27
Erkenntnisprozesse
als Adaptionsvorgänge 29f.
Erkenntnistheorie 13ff.
„experimentelle" Einstellung 59ff.
experimentelle Variationen 59ff.
formal-operatives Denken 90ff.
–, Bedingungen der Ausbildung 100f.
formal-logische Sprachmittel 97f.

funktionale Äquivalenz
– zwischen sensomotorischen und symbolisch-voroperationalem Erkennen 69f.

Genetische Epistemologie 16ff.
genetisches Kontinuum 70
Geschwindigkeit 19ff.
Gleichgewicht 36ff., 109
Gleichgewichtszustände, höhere 39f.
Greifschema 31, 32ff., 52
Gruppe 83ff.
Gruppierung 83ff., 88f.

Horizontale Verschiebung 104, 114
hypothetisch-deduktive Vorgehensweise 92ff.
Hypothetisch-Mögliches 91ff., 98f.

Identität 84f.
–, spezielle 84ff.
Inhalte 27
Instinktkoordinationen 54
intelligenter Instrumentengebrauch 62
Intentionalität 56ff.
Interiorisation 62ff.
Invarianten
–, funktionale 24ff., 37, 107f.
Invarianz 80f.
Mengen– 79
– begriffe 80f., 89, 90, 113
Inversionsreversibilität 94, 96ff.
Irreversibilität 72

Jugendliches Denken,
generelle Merkmale 98ff.

Kant 13ff., 43
Kausalanalyse 93

Kausalität 52
Klasse
–, logische 73 ff., 83 ff.
– inklusion 74 f., 86
Klassifikation 86, 114
Klein'sche (Vierer-)Gruppe 83, 97 f.
Klinische Methode 44 ff.
Kombinatorik 93 ff.
Komposition 83
Konfigurationen 76 f.
Konkret-operatorisches Denken 79 ff.
– Grenzen und Beschränkungen 90
Koordination
– mehrerer Bezugssysteme 96 f.
– von Sehen und Greifen 55
Korrelation 96

Logik 52, 70, 82 f., 86

Masseninvarianz 90
Mathematik 70
Mengeninvarianz 79
Menschenbild
– Piagets 42 f., 105 f.
Methodologie 44 ff.
Mittelschema 56 ff., 59 ff., 62
Mögliches 91 ff., 98 f.
Motivationstheorie 32, 115 f.

Nachahmung 64 ff.
– sspiel 29, 66
Nachfolgeuntersuchungen 112 ff.
Negation 94
Neutralisation 94

Objektivierung
– des frühkindlichen Universums 59
Operationen 77 ff., 79 ff.
–, arithmetische 86 f.
–, formale 90 ff.
–, im Bereich des moralischen Verhaltens 88 f.
–, im Bereich des sozialen Verhaltens 88 f.
–, infralogische 87 f.
–, kennzeichnende Eigenschaften 79
–, konkrete 86 ff., 92
–, logische 86 f.
–, räumlich-zeitliche 87 f.
–, zweiten Grades 91
Operatorisches Denken 77
Organe, instrumentelle 26 f.
Organisation 26, 28, 41 f.

Partizipation 73, 75
Perioden, kognitiver Entwicklung 49 ff.
Proportionalität 95

Realismus 71
Regulierungen 77 ff., 80
Relation
–, räumliche 59
–, zeitliche 59
Relativität von Bewegung 96 f.
Relevanz
–, philosophisch-erkenntnistheoretische 109
–, sozio-kulturelle und politische 103 ff.
Repräsentationen
–, innere 66 ff.
–, verinnerlichte 63 ff.
Reversibilität 72, 78, 81, 84 f., 89, 94, 96 ff.
Reziprozitätsreversibilität 94, 96 ff.
Saugschema 32 ff.
Schema 30 ff., 51 f.
–, dynamische Eigenschaften 31 ff.
–, strukturelle Eigenschaften 30 f.
–, Generalisierbarkeit 58 f.
–, Mobilität 58 f.
–, Koordinationen 55
Schöpfschema 34, 52
Selbstregulierung 37
Sensibilität für Widersprüche 75, 104
sensomotorische Intelligenz 51 ff., 67 ff.
Seriation 86 ff., 114
soziale Einflüsse 89, 99 f., 101

Sozialisation 69
Sprache 66
Sprachmittel
–, formal-logische 81 ff., 97
–, mathematisch-algebraische 81 f.
Strukturen
–, instrumentelle 26 f., 44
–, kognitive 30, 34 f.
Stufen kognitiver Entwicklung 49 ff., 112 ff., 116 f.
Symbole 66 ff.
Symbolfunktion 62 ff.
Symbolspiel 29, 66

Tautologie 84 ff.
Theoriebildung, Probleme der – 106 ff.
transduktives Schließen 74 ff.
Transitivität 82

Umschüttversuche 71 f., 77, 80
Urteile 70

Vorbegriffe 72, 104
Voroperationales Denken 62 ff., 67 ff., 70 ff., 104, 116

Wahrheit 68 f.
Wahrscheinlichkeit 96
Widersprüchlichkeit 81
Widerspruchsfreiheit 89
Würdigung
– der Entwicklungspsychologie J. Piagets 102 ff.

Zahlsysteme 87
Zeichen 66
Zeitbegriff 88
Zentrierung 71 f., 75, 77 f.
Zielschema 56 ff., 62
Zirkulärreaktionen
–, primäre 54 f.
–, sekundäre 55 ff.
–, tertiäre 59 f.